TERRA

Ines Kortmann-Niemitz

EINFACHE EXPERIMENTE FÜR DEN ERDKUNDE-UNTERRICHT

ab Klasse 5

Ernst Klett Verlag

ISBN 3-12-288260-4

1. Auflage 1 5 4 3 2 1 | 1992 91 90 89 88

Alle Drucke dieser Auflage können im Unterricht nebeneinander benutzt werden, sie sind untereinander unverändert. Die letzte Zahl bezeichnet das Jahr dieses Druckes.

Umschlag: Muraro, Ludwigsburg.
Druck: Gutmann + Co., Heilbronn

Inhaltsverzeichnis

Versuche mit Wasser

Vorwort

Für nicht naturwissenschaftlich ausgebildete Lehrer stellen Experimente im Erdkundeunterricht häufig eine große Hürde dar. Die mühsame Suche nach passenden Versuchen und Schwierigkeiten bei der Materialbeschaffung führen bei einigen zum Verzicht auf diese Unterrichtsmethode.

Bei der vorliegenden Zusammenstellung von Experimenten wurde deshalb besonders darauf geachtet, daß diese mit **einfachen Materialien** und **ohne aufwendige Versuchsaufbauten** durchgeführt werden können. Es handelt sich ausschließlich um selbsterprobte Versuche, die alle eindeutige Ergebnisse liefern.
Zahlreiche Versuche, für die lediglich Materialien benötigt werden, die in jedem Haushalt vorhanden sind, können Schüler auch zu Hause durchführen.

Einige der Experimente eignen sich für den Einstieg in eine Unterrichtseinheit, die Mehrzahl jedoch, unter Berücksichtigung des naturwissenschaftlichen Erkenntnisganges (*Problem-/ Fragestellung - Hypothesenbildung - Planung von Experimenten - Durchführung der Experimente - Auswertung der Ergebnisse - Verifizierung bzw. Falsifizierung der Hypothesen*), eher für die Erarbeitungsphase.

Die dargestellten Untersuchungsmethoden können zum großen Teil auch in anderen Klassenstufen als der Sekundarstufe I angewendet werden, da es sich häufig um Versuche handelt, die wissenschaftlichen Untersuchungsverfahren „abgeschaut" sind. Für Schüler(innen) anderer Altersgruppen braucht eventuell nur die Versuchsanleitung umgeändert zu werden.

Die Lehrerinformationen sind vor allem als Hilfen zur Durchführung und Auswertung der Versuche gedacht. Für eine zusätzliche komplette Sachanalyse zu jedem Themenkomplex reicht das Seitenformat nicht aus. Daher wird auf die Bedeutung vieler Versuche nur kurz hingewiesen.

Sicherlich sind Versuche im Erdkundeunterricht zur Erarbeitung von physisch-geographischen Sachverhalten teilweise in der Vorbereitung etwas aufwendiger als die Arbeit mit Hilfe von Texten oder anderen Medien, aber dafür ist auch mit größerem Schülerinteresse im Unterricht zu rechnen.

Die Schülerarbeitsbögen sind vom Verlag zum Kopieren freigegeben.

Bodenhorizonte

Methoden zur Ermittlung der Bodenhorizonte

a) Zur Aufnahme von Bodenhorizonten eignen sich **Aufschlüsse**, die in der Gegend bereits vorhanden sind. Sie bieten oft einen besseren Überblick als selbstgegrabene Gruben oder Bohrungen und tragen außerdem zur Zeitersparnis bei. Die äußere Schicht der Aufschlußwand sollte, soweit es möglich ist, mit einer Schaufel entfernt werden, so daß frisches Material ansteht. Man kann die Bodenhorizonte dann besser erkennen.

b) Eine zweite Möglichkeit zur Aufnahme von Bodenhorizonten ist die **Aushebung einer Grube**. Man sticht ein Bodenstück von 1 m x 1,5 m Fläche aus. Die Grube wird nun bis zum anstehenden Gestein (Fest- oder Lockergestein) oder bei tiefgründigen Böden bis mindestens 1 m Tiefe ausgehoben. Dabei werden die Wände der Grube senkrecht abgestochen. An einer Breitseite müssen eventuell, je nach Tiefe des Grablochs, einige Stufen zu dessen Begehung angelegt werden. Die Grabung kann vom Lehrer einen Tag vor dem Unterricht durchgeführt werden. Allerdings ist die Grube dann wegen der Unfallgefahr abzusichern. Falls genug Zeit vorhanden ist, sollten die Schüler eine oder auch mehrere Gruben selbst ausheben.

c) Schnell durchführbar, aber oft weniger anschaulich, ist die Ermittlung von Bodenhorizonten mittels eines **Bohrstocks**, der durch einen Holz- oder Plastikhammer in den Boden getrieben wird. Der Bohrstock wird im Boden einmal 360° um die eigene Achse gedreht und dann herausgezogen. Durch das Herausziehen verwischen einzelne Bodenhorizonte. Daher ist es notwendig, den Bohrkern anschließend *quer* zur Rille des Bohrstocks mit einem Messer zu putzen.

Bodenprobenentnahme

Entnahmen von Bodenproben erfolgen in der Regel an einer Aufschlußwand. Vor der Probenentnahme müssen die Horizonte bestimmt und möglichst markiert werden, um eine eindeutige Zuordnung der Proben zu ermöglichen. Aus jedem Horizont wird eine möglichst große Menge, z.B. 0,5 kg, entnommen und in genau beschriftete Plastikbeutel gegeben. Diese werden, damit keine Feuchtigkeit entweicht, gut verschlossen.

Bei der Probenentnahme ist auf Sauberkeit zu achten, damit keine horizontfremden Bestandteile in die Probe gelangen.

Bodenproben in Plastikbeuteln sollten möglichst bald weiterverwendet oder zum Trocknen an der Luft umgefüllt werden, da sie sonst vermodern.

Bodenhorizonte

Material

Zollstock oder Maßband
Schaufel oder großer Löffel zur Entnahme von Bodenproben
Plastikbeutel
Gummiringe oder ähnliche Verschlüsse
Folienschreiber

Aufgaben

Ein Boden besteht aus verschiedenen Schichten, die als **Horizonte** bezeichnet werden. Diese Horizonte können anhand der Farbe und oft auch anhand der Körnigkeit unterschieden werden.

1. Beschreibung der Bodenhorizonte

a) Stelle die Anzahl der Bodenhorizonte fest.
b) Beschreibe die Farbe der einzelnen Horizonte.
Achtung! Notiere in der Tabelle die Angaben zur obersten Bodenschicht immer zuerst.
c) Miß mit dem Zollstock oder Maßband die Mächtigkeit der Bodenschichten aus.
d) Bestimme die vorherrschende Bodenart mit Hilfe der Fingerprobe.

Bodenart	Merkmale der feuchten Bodenprobe
Ton	formbar, bindig, klebrig
Schluff	schlecht formbar, haftet in Fingerrillen, sandig-mehlig
Sand	körnig, haftet nicht in Fingerrillen

e) Damit du später weißt an welchem Ort du den Boden untersucht hast, beschreibe seine Lage:

Nr. des Bodenhorizontes	Farbe	Mächtigkeit	Bodenart	Bemerkungen

2. Bodenprobenentnahme

a) Beschrifte die Plastikbeutel mit folgenden Angaben:
1. Ort der Probenentnahme, **2.** Datum, **3.** Nr. des Bodenhorizontes, **4.** Besonderheiten, **5.** Namen der Arbeitsgruppenmitglieder.
b) Entnimm mit Hilfe der Schaufel eine größere Menge Erde aus den einzelnen Bodenschichten, und fülle sie in die entsprechenden Plastikbeutel, die anschließend verschlossen werden.

Siebanalyse

Korngrößenbestimmung einer Bodenprobe

Bedeutung des Versuchs

Die Korngrößenzusammensetzung ist entscheidend für die Benennung der Böden. In der Praxis erhalten die Böden eine Kurzbezeichnung nach der dominierenden Korngrößenfraktion, während die anderen Fraktionen vorangestellt werden. Beispiel: tonig schluffiger Sand; dominierend ist der Sand, zweitgrößte Fraktion ist der Schluff, drittgrößte der Ton.

In der Bodenkunde wird für den Feinboden, zu dem Sand, Schluff und Ton zählen, statt des Begriffs Korngrößenfraktion häufig der Begriff **Bodenart** verwendet. Alle größeren mineralischen Bodenbestandteile, also Kiese und Steine, gehören zum **Bodenskelett**.

Zahlreiche Eigenschaften eines Bodens, z.B. Wasserhaltekraft, Nährstoffverfügbarkeit und Bearbeitungsfähigkeit, sind durch den Anteil der einzelnen Bodenarten zu erklären. Die Kenntnis der Bodenart ist daher Voraussetzung für die Beurteilung eines Bodens als Pflanzenstandort.

Hinweise zum Versuch

Zum Abwiegen von Bodenprobe und Korngrößenfraktionen eignen sich Bechergläser. Es können aber auch andere Gefäße oder selbsthergestellte Formen aus Alufolie verwendet werden.

Für die Siebanalyse sollte die Bodenprobe möglichst trocken sein, da Wasserfilme Bodenteilchen festhalten können. Auch ist zu berücksichtigen, daß Substanzen, die möglicherweise einzelne Bodenteilchen miteinander verbinden (z.B. Humusbestandteile, Kalke, Eisenverbindungen), nicht entfernt wurden. Dadurch erhält man einen höheren Anteil größerer Kornfraktionen.

Eine Trennung der Ton- und Schlufffraktion ist mit der Siebanalyse nicht möglich, kann aber nachfolgend anhand einer Schlämmanalyse ermittelt werden (siehe S. 8, 9).

Körner, die in den Siebnetzen verklemmen, führen zu Verlustfehlern bei den Berechnungen.

Abwandlungsmöglichkeit für die Sekundarstufe II

Mit wenig destilliertem Wasser und durch Rühren mit einem Löffel wird die Trennung der Bodenarten unterstützt. Vor der Berechnung der Gewichtsanteile müssen die Proben dann allerdings getrocknet werden. Dafür eignet sich ein Trockenschrank, in dem die in Porzellanschalen abgefüllten Korngrößenfraktionen bei 105° C mindestens 3 Stunden verbleiben.

zusätzlich erforderliche Materialien:
Porzellanschalen oder andere hitzebeständige Gefäße (pro Siebsatz 5)
destilliertes Wasser
Löffel
Trockenschrank

Siebanalyse

Korngrößenbestimmung einer Bodenprobe

Material

Siebsatz
Waage
Gefäße zum Abwiegen von Bodenprobe und Korngrößenfraktionen
trockene Bodenprobe

Versuchsdurchführung

1. Wiege 100 g trockenen Boden ab.
2. Stecke die einzelnen Siebe des Siebsatzes richtig aufeinander, und setze diese auf das Auffanggefäß.
3. Gib den abgewogenen Boden in das obere Sieb.
4. Bewege den Siebsatz etwa 3 Minuten in kreisenden oder leicht schüttelnden Bewegungen.
5. Gib nun den Inhalt der Siebe getrennt in Gefäße, und bestimme die Gewichte der Korngrößenfraktionen deiner Bodenprobe.
6. Berechne den Prozentanteil der Korngrößenfraktionen, und trage alle Werte in die folgende Tabelle ein.

Ort der Probenentnahme:

	Maschenweite	Gewicht der Korngrößenfraktion	Prozentanteil	Bezeichnung der Korngrößenfraktion
Sieb 1				
Sieb 2				
Sieb 3				
Sieb 4				
Auffanggefäß				

7. Ermittle anhand der folgenden Tabelle die Bezeichnungen für die einzelnen Korngrößenfraktionen.

Korngröße (mm)	Bezeichnung
63 - 2	Kies
2 - 0,6	Grobsand
0,6 - 0,2	Mittelsand
0,2 - 0,06	Feinsand
0,06 - 0,002	Schluff
kleiner als 0,002	Ton

Schlämmanalyse

Anteile unterschiedlicher Kornfraktionen in einer Bodenprobe

Hinweise zum Versuch

Man verwendet zweckmäßigerweise Standzylinder von 40 cm Höhe und 3,5 cm Durchmesser. Ersatzweise können auch farblose Mineralwasserflaschen benutzt werden. Für das Einfüllen der Bodenprobe wären in diesem Fall ein Trichter und ein Holzstab (z.B. Schaschlikspieß) hilfreich.

Die Bodenmenge sollte nicht zu reichlich bemessen sein, um noch ein wirksames Durchmischen zu gewährleisten. Die Füllhöhe der Erde sollte daher 10 cm nicht übersteigen.

Für diesen Versuch eignen sich Böden mit mittlerem Humusgehalt und mit unterschiedlichem Anteil der einzelnen Bodenarten. Böden mit hohem Tonanteil sedimentieren sehr langsam. Daher werden in der Regel am Ende der Schulstunde noch viele der kleinen, leichteren Bodenbestandteile in der Flüssigkeit schweben. Aus diesem Grund ist eine nochmalige Beobachtung des Versuchsansatzes wünschenswert.

Mit Hilfe der Schlämmanalyse kann eine quantitative Erfassung der drei Kornfraktionen Sand, Schluff und Ton erfolgen. Allerdings werden Bindungen, die zwischen einzelnen Bodenteilchen bestehen können, bei dem hier beschriebenen Versuch nicht beseitigt.

Abwandlungsmöglichkeiten für die Sekundarstufe II

Beseitigung der zwischen Bodenteilchen bestehenden Verbindungen durch **a)** mechanische oder **b)** chemische Mittel.

zu **a**: Beim Zerreiben oder Zerdrücken von Bodenproben im Mörser werden einige Verbindungen mechanisch aufgelöst. Die natürlichen Korngrößen werden von der mechanischen Behandlung im allgemeinen nicht beeinflußt.

zu **b**: Eine Möglichkeit ist die Behandlung von kalkhaltiger Erde mit verdünnter Salzsäure, wobei ein pH-Wert von 3,5 nicht unterschritten werden sollte.

Beobachtungen

1. am Ende der Unterrichtsstunde: Die verschiedenen Bodenbestandteile setzen sich unterschiedlich schnell ab. Die schweren Teile sinken zuerst auf den Grund des Gefäßes, die leichten Bodenteile sedimentieren auf den bereits vorhandenen Schichten. In Abhängigkeit vom Ton- und/oder Humusgehalt der Probe ist das Wasser am Ende der Stunde noch getrübt. Humusbestandteile schwimmen außerdem an der Wasseroberfläche .

2. nach einigen Tagen: Die Bodenbestandteile haben sich schichtweise abgelagert. Auf dem Grund des Gefäßes befinden sich größere und kleinere Sandkörner, darüber entweder braune, graue oder gelbliche Schichten. Wenn sich Humus in der Bodenprobe befindet, ist die oberste der abgelagerten Schicht schwarz. Eventuell schwimmen immer noch Humusbestandteile an der Wasseroberfläche.

Erklärung der Beobachtungen

Die großen, schweren Bodenbestandteile setzen sich zuerst auf dem Gefäßgrund ab. Daher ist die Sandfraktion die unterste der sedimentierten Bodenschichten. Darauf lagern sich Schluff, dann Ton und zuoberst die Humusbestandteile ab. Je dicker eine der sedimentierten Schichten ist, um so größer ist der Anteil dieser Kornfraktion in der Bodenprobe.

Schlämmanalyse

(Anteile unterschiedlicher Kornfraktionen in einer Bodenprobe)

Material

Bodenproben
hohe Standzylinder aus Glas
Wasser
Folienschreiber

Versuchsdurchführung

1. Nimm von einer Bodenprobe etwa eine Handvoll, und entferne alle Steine, Wurzeln und ähnliches.
2. Zerreibe die Bodenprobe mit den Händen, und gib sie dann in einen Standzylinder (Füllhöhe: 10 cm).
3. Fülle den Standzylinder fast ganz mit Wasser.
4. Verschließe den Standzylinder mit der Hand, und schüttle kräftig um.
5. Kennzeichne den Zylinder mit einem Folienschreiber (Bezeichnung der Bodenprobe).
6. Lasse den Standzylinder ruhig stehen.

Beobachtungen

1. Notiere deine Beobachtungen am Ende der Unterrichtsstunde.

2. Notiere deine Beobachtungen nach einigen Tagen.

Erklärung der Beobachtungen

Bestimmung des Kalkgehalts im Boden

Bedeutung des Versuchs

Kalk ist ein wichtiger abiotischer Bodenbestandteil, der für viele bodenkundliche Probleme Bedeutung hat. So ist der Kalkgehalt des Bodens zum Beispiel für die richtige Pflanzenernährung wichtig. Böden mit zu geringem Kalkgehalt müssen gedüngt werden. Eine andere wichtige Funktion ist das Entgegenwirken gegen Bodenversauerung und ihre Begleiterscheinungen.

Hinweise zum Versuch

Falls statt verdünnter Salzsäure nur konzentrierte zur Verfügung steht, kann man die konzentrierte Salzsäure im Verhältnis 1:3 mit Wasser langsam verdünnen.
Als Ersatz für Salzsäure kann auch Haushalts-Entkalkungsmittel verwendet werden. Eventuell ist die Reaktion dann nicht so deutlich sichtbar.

Die Bestimmung des Kalkgehaltes ist gut **im Gelände** durchzuführen. Allerdings empfiehlt es sich, die Schüler auf folgende Verfahrensweisen hinzuweisen:

- Da kalkhaltige Fossilien oder Kalksteinsplitter im Boden die Ergebnisse verfälschen können, sollten für dieses Experiment nur Böden oder Bereiche von Böden ausgewählt werden, die frei von kalkhaltigen Einschlüssen sind.
- Wenn alle Bodenhorizonte geprüft werden, muß man beim Beträufeln der Horizonte mit der verdünnten Salzsäure **von unten nach oben** vorgehen, da beim umgekehrten Verfahren durch herablaufende Säure die Ergebnisse verfälscht werden können.
- Falls die Entnahme von Bodenproben vorgesehen ist, sollte die Bestimmung des Kalkgehaltes erst nach der Probenentnahme erfolgen, da sonst die Gefahr besteht, daß säurebehandeltes Substrat entnommen wird.

Beobachtungen

Auf einigen Bodenproben ist eine mehr oder weniger starke Gasentwicklung zu beobachten. Es entstehen kurzzeitig Bläschen nach dem Auftropfen der verdünnten Salzsäure.
Bei anderen Bodenproben ist keine Gasentwicklung und damit auch keine Bläschenbildung beobachtbar.

Ergebnis

Die Bodenproben zeigen unterschiedliche Reaktionen nach dem Beträufeln mit Salzsäure und weisen demnach verschiedene Kalkgehalte auf (vgl. Tabelle).

Mit diesem Experiment wird nicht nur der Kalkgehalt des Bodens nachgewiesen, sondern es handelt sich um einen Test zur Ermittlung des Carbonatgehaltes. Neben Calciumcarbonat können im Boden auch andere Carbonate vorkommen, z.B. Magnesiumcarbonat. Bei der Auswertung des Versuchs in der Sekundarstufe I kann auf einen derartigen Hinweis allerdings verzichtet werden, da mit der Salzsäuremethode *überwiegend* Calciumcarbonat erfaßt wird.
Reaktionsgeschwindigkeit und -intensität können bei gleichem Kalkanteil in verschiedenen Böden variieren. So wirkt sich beispielsweise unterschiedlicher Ton- oder Wassergehalt auf die Intensität der Reaktion aus.

Beobachtung	Carbonatgehalt (in Gew.- %)	Grobbeurteilung des Bodens
kein oder kaum merkliches Aufbrausen	<0,5	kalkfrei bis kalkarm
schwaches bis mäßig starkes Aufbrausen, *nicht anhaltend*	0,5 - 5,0	kalkhaltig
starkes und *anhaltendes* Aufbrausen	5,0 - >10	stark kalkhaltig

nach: H. BARSCH, K. BILLWITZ & E. SCHOLZ (1984, S.71)

Bestimmung des Kalkgehalts im Boden

Material

verschiedene Bodenproben
Löffel
Porzellanschalen
Tropfpipette oder Tropfflasche
verdünnte Salzsäure
Wasser
Papiertücher

Versuchsdurchführung

1. Gib in die Porzellanschale einen Löffel von einer bestimmten Bodenprobe.
2. Tropfe mit einer Pipette etwas verdünnte Salzsäure darüber.
3. Beschreibe die sichtbare Reaktion.
4. Säubere die Porzellanschale.
5. Führe den gleichen Versuch mit weiteren Bodenproben durch.

Untersuchungsprotokoll

Nr. der untersuchten Bodenprobe	Entnahmeort der Bodenprobe	Beobachtung nach dem Aufträufeln der Säure

Ergebnis

Chemische Bodenreaktion

(pH-Wert-Bestimmung)

Bedeutung des pH-Wertes

Eine Reihe von Bodeneigenschaften, z.B. Bodenbildung, Bodenentwicklung und Nährstoffhaushalt, werden vom vorherrschenden pH-Wert beeinflußt. Das optimale Wachstum von Kulturpflanzen und die Zusammensetzung der natürlichen Pflanzengesellschaften sind an einen bestimmten pH-Wert gebunden. Die günstigsten Wachstumsbedingungen bestehen für die meisten Pflanzen im schwach sauren bis schwach basischen Bereich (pH 5,0 bis 7,5). Moorpflanzen bevorzugen allerdings Bodenreaktionen im Bereich von pH 3 bis pH 5.
Ist ein Boden für den landwirtschaftlichen Anbau zu sauer, kann er durch die Zugabe von Kalk oder kalkhaltigem Dünger in den gewünschten pH-Bereich gebracht werden.

Erklärung des pH-Wertes

Der pH-Wert gibt die Wasserstoffionenkonzentration einer Flüssigkeit an. Ein pH-Wert von z.B. 4 entspricht einer Konzentration von 10^{-4} mol/l Wasserstoffionen.
Reaktionsbezeichnungen für Böden bzw. wäßrige Lösungen:

pH-Wert 0-4,0	pH-Wert 4,0-4,9	pH-Wert 5,0-5,9	pH-Wert 6,0-6,9	pH-Wert 7,0	pH-Wert 7,1-8,0	pH-Wert 8,1-9,0	pH-Wert 9,1-10,0	pH-Wert 10,0-14
sehr stark sauer	stark sauer	mäßig sauer	schwach sauer	neutral	schwach basisch	mäßig basisch	stark basisch	sehr stark basisch

nach: H. BARSCH, K. BILLWITZ & E. SCHOLZ (1984, S. 60)

Bestimmung mit Indikatorpapier

Für diesen Test eignet sich besonders gut Universal-Indikatorpapier mit großem Meßbereich, z.B. von pH 0 bis pH 14. Sollen genauere Bestimmungen erfolgen, kann pH-Papier mit engerem Meßbereich verwendet werden, welches auch Zwischenwerte angibt.

Bestimmung mit dem HELLIGE-Pehameter

Für die pH-Wert-Bestimmung im Freiland eignet sich diese Methode besonders gut. Es müssen lediglich eine entsprechende Menge destilliertes Wasser und das Pehameter mitgeführt werden. Günstig ist auch, daß einerseits nur kleine Mengen von Bodenproben nötig sind und andererseits die Bestimmung des pH-Wertes relativ schnell geht. Die Untersuchung vor Ort ist zudem anschaulicher als die nachträgliche Analyse in der Schule.

Bestimmung mit elektrischem pH-Meßgerät

Vor dem Versuch sollte das pH-Meter mit destilliertem Wasser auf pH 7 geeicht werden. Auch ist darauf zu achten, daß die Elektrode nach Gebrauch jeweils gründlich gereinigt wird, damit bei den folgenden Messungen keine Fehler auftreten.
Mit dem elektrischen pH-Meßgerät kann die Wasserstoffionenkonzentration, abweichend von der beschriebenen Versuchsdurchführung, auch in einer Bodenaufschlämmung gemessen werden.

Chemische Bodenreaktion

Bestimmung des pH-Wertes mit Indikatorpapier

Was bedeutet der pH-Wert?

Dieser Wert gibt an, ob eine wäßrige Lösung sauer, neutral oder basisch reagiert. Chemisch reines Wasser hat den pH-Wert 7. Saure Lösungen (z.B. Essig oder Zitronensaft) haben einen pH-Wert, der kleiner als 7 ist. Bei basischen Lösungen (z.B. Seifenlauge) ist der pH-Wert größer als 7.

Material

verschiedene luftgetrocknete Bodenproben
Bechergläser oder andere Gefäße
Löffel
Meßbecher oder Meßzylinder
destilliertes Wasser
Indikatorpapier
Waage

Versuchsdurchführung

1. Wiege von deiner Bodenprobe 10 g auf der Waage ab, und gib die abgewogene Menge in ein Gefäß.
2. Mit einem Meßbecher oder Meßzylinder sind nun 30 ml destilliertes Wasser abzumessen und dann über die Bodenprobe zu geben.
3. Rühre das Gemisch mit dem Löffel gut um.
4. Lasse das Gefäß 15 Minuten ruhig stehen. In dieser Zeit kannst du weitere Bodenproben zur pH-Wert-Bestimmung vorbereiten.
5. Tauche das Indikatorpapier nach den 15 Minuten Wartezeit in das überstehende Wasser. Lies den pH-Wert ab, und trage das Ergebnis in die Tabelle ein.
6. Prüfe den pH-Wert des destillierten Wassers.

Bodenprobe	Entnahmeort	Bodenhorizont	pH-Wert
1			
2			
3			
4			
5			
6			

Chemische Bodenreaktion

Bestimmung des pH-Wertes mit dem HELLIGE- Pehameter

Was bedeutet der pH-Wert?

Dieser Wert gibt an, ob eine wäßrige Lösung sauer, neutral oder basisch reagiert. Chemisch reines Wasser hat den pH-Wert 7. Saure Lösungen (z.B. Essig oder Zitronensaft) haben einen pH-Wert, der kleiner als 7 ist. Bei basischen Lösungen (z.B. Seifenlauge) ist der pH-Wert größer als 7.

Material

verschiedene Bodenproben
HELLIGE-Pehameter (Prüfplatte, Löffel, Indikatorlösung)
Spritzflasche mit destilliertem Wasser

Versuchsdurchführung

Achte während des Versuchs darauf, daß du die Höhlungen der Prüfplatte, die Löffelwölbung und die Spitze der Indikatorflasche nicht mit den Fingern berührst, da sonst die Meßergebnisse verfälscht werden.

1. Gib eine haselnußgroße Bodenprobe in die runde Höhlung der Prüfplatte.
2. Gib nun 10 Tropfen destilliertes Wasser zu der Probe, und verreibe alles mit dem Löffel zu einem Brei.
3. Füge 3 Tropfen Indikatorlösung zu, und vermische Probe und Indikatorlösung mit dem Löffel.
4. Warte eine halbe Minute, und lasse dann vorsichtig die Flüssigkeit aus der Höhlung in die Rinne der Prüfplatte fließen. Halte die Prüfplatte dazu leicht schräg.
5. Vergleiche den Farbton der Flüssigkeit in der Rinne mit der am Rande der Rinne befindlichen Farbskala.
6. Trage den entsprechenden pH-Wert in die unten stehende Tabelle ein.
7. Reinige die Platte und den Löffel mit Wasser, und spüle gründlich mit destilliertem Wasser nach.

Bodenprobe	Entnahmeort	Bodenhorizont	pH-Wert
1			
2			
3			
4			
5			
6			

Chemische Bodenreaktion

Bestimmung des pH-Wertes mit einem elektrischen pH-Meßgerät

Was bedeutet der pH-Wert?

Dieser Wert gibt an, ob eine wäßrige Lösung sauer, neutral oder basisch reagiert. Chemisch reines Wasser hat den pH-Wert 7. Saure Lösungen (z.B. Essig oder Zitronensaft) haben einen pH-Wert, der kleiner als 7 ist. Bei basischen Lösungen (z.B. Seifenlauge) ist der pH-Wert größer als 7.

Material

verschiedene Bodenproben
Trichter
Filter
Erlenmeyerkolben oder andere Auffanggefäße
Meßzylinder oder Meßbecher
destilliertes Wasser
Reagenzgläser
pH-Meter

Versuchsdurchführung

1. Lege ein Filterpapier in den Trichter, und stelle diesen dann in einen Erlenmeyerkolben.
2. Fülle eine Bodenprobe in den Filter, so daß dieser zu etwa zwei Drittel gefüllt ist.
3. Miß 20 ml destilliertes Wasser in einem Meßkolben ab.
4. Das Wasser wird in kleinen Portionen langsam über die Bodenprobe gegeben.
5. Sobald das Wasser durch den Filter gelaufen ist, fülle es in ein Reagenzglas um.
6. Die Sonde des pH-Meters wird in das Reagenzglas gegeben, und der pH-Wert kann abgelesen werden.
7. Spüle anschließend an die Messung die Sonde mit destilliertem Wasser ab.

Bodenprobe	Entnahmeort	Bodenhorizont	pH-Wert
1			
2			
3			
4			
5			
6			

Wassergehalt von Bodenproben

Bedeutung des Versuchs

Bei fast allen bodenbildenden Prozessen ist Wasser beteiligt. Es gibt Böden, die von Grundwasser, und solche, die von Stauwasser beeinflußt werden. Ein anderes Beispiel ist die Entstehung des Bodentyps Podsol, welche ebenfalls durch Wasser, in diesem Fall durch hohe Niederschläge, begünstigt wird. Auch die für die Bodenbildung wichtige Gesteinsverwitterung läuft zum großen Teil nur bei Beteiligung von Wasser ab.

Wichtig für die landwirtschaftliche Nutzung ist die Wasserspeicherfähigkeit eines Bodens. Diese hängt mit dem Anteil der Bodenarten zusammen. Sand ist ein sehr schlechter Wasserspeicher, Schluff und Ton weisen in dieser Hinsicht günstigere Eigenschaften auf. Sehr gute Wasserspeicherfähigkeit hat im allgemeinen Lehmboden. Bei dem vorliegenden Versuch ist es daher sinnvoll, wenn Bodenproben mit unterschiedlichen Bodenarten zur Verfügung stehen.

Der Wassergehalt eines Bodens ist für die Bodenfruchtbarkeit von Bedeutung. Neben der für die Pflanzen notwendigen Wasserverfügbarkeit ist zum Beispiel auch der vom Wasser abhängige Lufthaushalt ein Faktor, der die Fruchtbarkeit beeinflußt.

Vorbereitung

Um Feuchtigkeitsverluste nach der Probenentnahme zu verhindern, sollten die Bodenproben in Plastikbeuteln aufbewahrt werden. Dies darf jedoch nicht zu lange geschehen, da die Proben sonst vermodern.
Auch ist darauf zu achten, daß die verschiedenen Bodenproben unter gleichen äußeren Bedingungen, also möglichst am selben Tag, entnommen werden.

Durchführung

Statt eines Trockenofens kann auch ein **Backofen** zur Trocknung der Bodenproben eingesetzt werden. Es empfiehlt sich in diesem Fall, die Ofentemperatur mit einem **Thermometer** zu prüfen.

Die Temperatur des Trockenofens darf 105° C nicht übersteigen, da sonst organisches Material verbrennen kann und zu einem zusätzlichen Gewichtsverlust führt.

Falls die Gefäße nach dem Trocknungsvorgang sofort aus dem Ofen genommen werden, sollte eine **Zange** zur Entnahme der heißen Gefäße zur Verfügung stehen. Für die Gewichtsbestimmung der Proben nach dem Trocknungsvorgang sollten die Proben abgekühlt sein.

Die getrockneten Bodenproben können für weitere Versuche aufbewahrt werden.

Auswertung

Der Wassergehalt der frischen Bodenprobe kann nach folgender Formel in Prozent umgerechnet werden:

$$\frac{\textit{Gewichtsverlust der Bodenprobe (in g)} \times 100}{\textit{Gewicht der frischen Bodenprobe (in g)}}$$

Da nach der Versuchsanleitung 100 g frischer Boden abgewogen werden, ist in diesem Fall die Zahl für den Gewichtsverlust gleich dem Wassergehalt in Prozent.

Wassergehalt von Bodenproben

Material

frische, feuchte Bodenproben
Waage
hitzefeste Gefäße
Trockenofen
Folienschreiber zur Kennzeichnung der Probengefäße

Versuchsdurchführung

1. Wiege 100 g einer frischen Bodenprobe auf der Waage ab, und gib sie in ein hitzefestes Gefäß.
2. Beschrifte das Gefäß (Nr. der Bodenprobe, Ort der Probenentnahme, Bezeichnung des Bodenhorizontes, Namen der Arbeitsgruppenmitglieder).
3. Stelle das Gefäß in den Trockenofen, der 105° C warm sein soll.
4. Die Bodenprobe soll 24 Stunden im Ofen trocknen und dann erneut ausgewogen werden.
5. Trage das Gewicht der trockenen Probe in folgende Tabelle ein, und berechne anschließend den Gewichtsverlust. Dieser entspricht dem verdampften Wasser der frischen Bodenprobe.

Bodenprobe	Ort der Probenentnahme	Bezeichung des Bodenhorizontes	Trockengewicht in g	Wassergehalt der frischen Bodenprobe in g
1				
2				
3				
4				
5				
6				

Wasserhaltekraft von Böden (Wasserkapazität)

Hinweise zum Versuch

Die anschaulichsten Ergebnisse erzielt man mit lufttrockenen Bodenproben. Daher ist es sinnvoll, die Proben mindestens 2 bis 3 Tage vor der Versuchsdurchführung zu sammeln und an der Luft trocknen zu lassen.

Für den Versuch sollten Proben mit unterschiedlicher Zusammensetzung der Bodenart und/oder des Humusgehalts zur Verfügung stehen. Am besten ist es, wenn man
a) Sand, **b)** Ton- oder Lehmboden und **c)** humusreichen Oberboden oder Blumenerde vergleichend untersuchen läßt.

Ergänzend zu den Versuchsbeobachtungen ist außerdem eine Zeitmessung aufschlußreich. Dabei kann ermittelt werden, wie lange das durch Bodenprobe und Filter sickernde Wasser benötigt.

Versuchsbeobachtungen

Bei der **Blumenerde** bzw. dem humusreichen Oberboden wird das Wasser meist sofort aufgesogen, die Bodenprobe schwimmt etwas auf. Anfangs fließt das Wasser in einem dünnen Rinnsal, dann nur noch tropfenweise aus dem Trichter in die Flasche. Nach dem zweiten Einfüllen von Wasser schwimmt die Bodenprobe nicht mehr auf, und die Phase des Tropfens ist verlängert. Das durch die Bodenprobe gelaufene Wasser kann bräunlich aussehen (Ursache: Huminsäuren).
Wassermenge im Auffanggefäß:
Bei der Blumenerde fehlt, je nach Zusammensetzung der Probe, etwa die Hälfte des zugegebenen Wassers.

Der **Sand** nimmt einen kleineren Raum im Trichter ein als die Proben von Blumenerde bzw. Humushorizont.
Nach dem Einfüllen des Wassers bleibt über dem Sand ein Wasserspiegel stehen, der allmählich sinkt. Die weiteren Beobachtungen ähneln den bereits oben beschriebenen. Allerdings hört das Tropfen eher auf als bei der Blumenerde. Insgesamt sickert das Wasser schneller durch den Sand als durch humusreichen Boden oder **Ton**.
Wassermenge im Auffanggefäß:
Von der über den Sand gegebenen Wassermenge fehlen nur wenige Milliliter.

Erklärung der Versuchsergebnisse

Der Versuch zeigt, welche Wassermenge eine Bodenprobe entgegen der Schwerkraft zu halten vermag. Daraus kann ungefähr abgeleitet werden, wieviel Wasser nach Niederschlägen für Pflanzen verfügbar bleibt. Im allgemeinen steigt das Wasserspeichervermögen mit zunehmendem Ton- und Humusgehalt. Sandboden führt überflüssiges Wasser schneller ab. Nach BARSCH, BILLWITZ & SCHOLZ (1984, S.51) können in Sand etwa 9 Vol.-% Wasser gehalten werden, in Lehm etwa 34 Vol.-% und in Ton 48 Vol.-%.

Die angegebene Wasserhaltekraft bezeichnet jedoch nicht alles pflanzenverfügbare Wasser. Ein Teil des Wassers wird so fest an Bodenbestandteile gebunden, daß es von Pflanzen nicht genutzt werden kann. Hierbei liegt Ton mit etwa 35Vol.-% an erster Stelle, gefolgt von Lehm mit etwa 10 Vol.-% und Sand mit etwa 2 Vol.-%.

Wird nur die Korngrößenzusammensetzung eines Bodens berücksichtigt, kann demnach Lehmboden den größten Anteil von pflanzenverfügbarem Wasser speichern. Aber auch Boden mit einem hohen Anteil organischer Bestandteile besitzt eine große Wasserspeicherfähigkeit, wobei der größte Anteil davon in pflanzenverfügbarer Form vorliegt. Wenn daher für den beschriebenen Versuch neben anderen Proben auch humusreicher Boden und Ton oder Lehm verwendet werden, ist nicht genau vorauszusagen, welche dieser beiden Bodenproben die größte Wassermenge speichern kann.

Wasserhaltekraft von Böden

Material

Waage
Gefäß zum Wiegen
Löffel
Meßbecher
Standzylinder oder Flasche aus durchsichtigem, farblosem Glas (z.B.: Getränkeflasche)
Trichter (oberer Durchmesser mindestens 10 cm)
Kaffee-Filterpapier (ein Filterpapier für jede Bodenprobe)
trockene Bodenproben

Versuchsdurchführung

1. Gib das Filterpapier in den Trichter. Stecke dann den Trichter in den Flaschenhals, und drücke ihn etwas hinein, damit er während des Versuchs nicht umkippt.
2. Wiege 50 g einer Bodenprobe ab, und schütte diese in das Filterpapier.
3. Fülle den Meßbecher mit 100 ml Wasser, und gieße dieses vorsichtig in den Trichter. Schreibe deine Beobachtungen auf.
4. Wenn kein Wasser mehr aus dem Trichter tropft, werden weitere 100 ml über die Bodenprobe gegeben. Was beobachtest du diesmal?
5. Schütte nach etwa 5 Minuten, wenn alles durch den Trichter gelaufen ist, die in der Flasche befindliche Flüssigkeit in den Meßbecher zurück. Notiere die Menge.

Versuchsprotokoll

Beschreibung der Bodenprobe	Versuchsbeobachtungen	Wassermenge im Gefäß (ml)

Filterwirkung von Bodenbestandteilen

Bedeutung des Versuchs

Aus dieser Versuchsanordnung kann modellhaft auf die unterschiedliche Filterwirkung von Sedimenten geschlossen werden, durch welche Wasser bis zum Grundwasser durchsickert. Da Trinkwasser häufig aus dem Grundwasser bezogen wird, ist daraus die Gefährdung der Trinkwasserqualität in Gebieten mit grobkörnigem Sedimentuntergrund ableitbar.

Dem für den Versuch verwendeten Wasser-Erde-Gemisch entspricht in der Natur z.B. sedimentbeladenes oder auch schmutziges Flußwasser.

Hinweise zum Versuch

Bei Kies und Sand handelt es sich um zwei Bodenarten mit eingegrenzten Korngrößen des Substrats. Die Bodenprobe hingegen wird aus einem Korngrößengemisch mit Humusbeimengung bestehen. Diese unterschiedliche Zusammensetzung des Untersuchungsmaterials sollte bei der Auswertung beachtet werden.

Die Sickergeschwindigkeit des Wasser-Erde-Gemischs durch die zu untersuchenden Substrate ist bei dem beschriebenen Versuchsablauf nur ungenau zu beobachten, da die Versuche nacheinander durchgeführt werden. Zur Verbesserung der Genauigkeit könnte daher eines der Arbeitsgruppenmitglieder Beginn und Dauer des Tropfens bzw. Fließens von Wasser durch den Filter in das Auffanggefäß protokollieren. Dazu wird als zusätzliches Material eine **Uhr mit Sekundenzeiger** benötigt.

Anschaulicher zu beobachten wäre die Sickergeschwindigkeit, wenn z.B. Arbeitsgruppen den Versuchsaufbau für drei verschiedene Bodenbestandteile vorbereiten und dann das Wasser-Erde-Gemisch gleichzeitig zugeben.

Beobachtungsergebnisse

Kies: Das Wasser fließt schnell aus dem Filter in das Glas. Die Farbe des filtrierten Wassers ist braun bis schwarz.

Sand: Das filtrierte Wasser ist etwas trüb und hat eine gelbbraune Farbe. Auch ist es viel langsamer durch die Sandschicht getropft als bei der Kiesprobe.

(Durch die Löcher des Filters wird mit dem tropfenden Wasser Sand mittransportiert, der sich auf dem Grund des Gefäßes ablagert. Partikel mit kleineren Korngrößen schweben im Wasser.)

Bodenprobe: Langsam sammelt sich ein klares Filtrat im Auffanggefäß.

Versuchsergebnis

Ein Farbvergleich der Filtrate von Kies- und Sandprobe läßt den Schluß zu, daß der Sand, im Gegensatz zur Kiesschicht, *den größten Teil* der Bodenbestandteile aus der Wasser-Erde-Mischung zurückhält. Das klare Filtrat der Bodenprobe zeigt, daß wahrscheinlich *alle* Erdbestandteile aus der wäßrigen Lösung filtriert wurden.

Die beste Filterwirkung hat die Bodenprobe, gefolgt von Sand und dann von Kies.

Filterwirkung von Bodenbestandteilen

Material

1 Einweckglas
1 Kaffeefilter (ohne Filterpapier)
1 Meßbecher
1 Löffel
Kies, Sand und Bodenproben (oder Blumenerde)

Versuchsdurchführung

1. Fülle den Kaffeefilter bis 1 cm unter den Rand mit Kies auf.
2. Gib 300 ml Wasser in den Meßbecher, und schütte dann 2 Eßlöffel der Bodenprobe hinzu. Rühre so lange, bis die Bodenbestandteile gleichmäßig verteilt sind.
3. Schütte das Wasser-Erde-Gemisch vorsichtig über den Kies, und notiere deine Beobachtungen.
4. Säubere die Gefäße, und führe anschließend den gleichen Versuch mit Sand und dann mit der Bodenprobe durch.

Untersuchungs-material	Versuchsbeobachtungen
Kies	
Sand	
Bodenprobe	

Versuchsergebnis

Luftgehalt einer Bodenprobe

Bedeutung des Versuchs

Die Luftmenge eines Bodens hat erhebliche Bedeutung für den Gasaustausch der Pflanzenwurzeln und die biologische Aktivität von Mikroorganismen. In der Landwirtschaft wirkt sich Sauerstoffmangel im Boden auf Wachstum und Ertrag von Kulturpflanzen ungünstig aus. Außerdem sind einige „Unkräuter" gegen Sauerstoffmangel weniger empfindlich. Andere Pflanzen, z.B. Pappeln und Weiden, gedeihen auch bei schlechter Durchlüftung des Bodens, da sie den im Bodenwasser enthaltenen Sauerstoff für die Wurzelatmung verwenden können.

Der Luftgehalt eines Bodens ist auch für den Wärmehaushalt bedeutsam, da sich Luft viel schneller als Wasser erwärmt.

Wichtige, den Lufthaushalt beeinflussende Faktoren sind Porenvolumen, Wassergehalt und auch Menge und Zersetzungsgrad des Humus. Schwach zersetzte Moorböden weisen ein großes Luftvolumen auf, stark zersetzte Moorböden dagegen ein sehr geringes. Der Lufthaushalt von Böden mit hohem Tonanteil ist schlechter als jener von Böden mit einem höheren Anteil großer Partikel.

Hinweise zum Versuch

Ersatzweise können statt Kondensmilchdosen auch zwei kleine Trinkgläser gleichen Volumens verwendet werden. In diesem Fall sieht man aufgrund des durchsichtigen Glases die Füllhöhe der Bodenprobe deutlich. Allerdings besteht die Gefahr, daß sich Schüler im Gelände durch zerbrechendes Glas verletzen.

Für die Probenentnahme eignet sich nur ein Boden, der nicht zu stark verfestigt ist, da sonst die verwendeten Dosen verformt werden. Am besten geeignet sind daher Entnahmeorte unter Büschen, im Schulgarten oder abseits von Gehwegen und begehbarem Rasen in Parks oder Wäldern. Es ist wichtig, daß die Eignung der Entnahmeorte vor dem Versuch geprüft wird.

Will man die Unterschiede des Luftgehaltes verschiedener Bodenproben mit den Schülern erarbeiten, kann neben Bodenart und Humusgehalt auch die Wassersättigung berücksichtigt werden. Für die letztgenannte Komponente empfiehlt sich eine Probenentnahme nach längerem Regen und eine weitere während einer trockneren Phase. Falls sich dies zeitlich nicht verwirklichen läßt, kann man an geeigneter Stelle die „Beregnung" mit Hilfe einer Gießkanne selbst vornehmen.

Bestimmung des Luftgehalts

Um den Rauminhalt der verwendeten Dosen zu ermitteln, wird die leere Milchbüchse in den Meßbecher gestellt. Nach dem Auffüllen mit der angegebenen Wassermenge und der darauf folgenden Herausnahme der Dose kann dieser Wert aufgrund der im Meßbecher verbliebenen Wassermenge errechnet werden. Wird anschließend das Gefäß mit der Bodenprobe in den Meßbecher gestellt, steigt der Wasserspiegel wieder bis zur 1-Liter-Markierung. Sofort beginnt die Verdrängung der im Porenraum des Bodens enthaltenen Luft. Sichtbar ist dies durch aufsteigende Luftblasen. Der Wasserspiegel im Meßbecher sinkt in Abhängigkeit vom Luftgehalt der Bodenprobe.

Bei wassergesättigtem Boden kann das Luftvolumen, je nach Zusammensetzung des Bodens, zwischen 0 und 40% betragen. Dieses Luftvolumen füllt den Grobporenraum aus, welcher Wasser entgegen der Schwerkraft nicht zu halten vermag. Als Folge von längerer Trockenheit füllen sich auch kleinere Poren des Bodenraumes mit Luft. Es kann daher bei diesem Versuch eventuell auch ein noch größeres Luftvolumen ermittelt werden. Die Zusammensetzung eines für das Pflanzenwachstum idealen Bodens beträgt etwa 50% Festsubstanz, 25% Wasser und 25% Luft.

Luftgehalt einer Bodenprobe

Material

2 kleine, leere Kondensmilchdosen
1 Meßbecher
1 Handschaufel
1 Dosenöffner
Wasser

Versuchsdurchführung

Vorbereitung

1. Entferne mit dem Dosenöffner den Deckel von beiden Milchbüchsen.
2. Bringe 2 - 3 Löcher am Boden von einer der beiden Dosen ein. Achte darauf, daß die Dose dabei nicht deformiert wird.

Probenentnahme

3. Falls die Bodenprobe an einer Stelle entnommen werden soll, die mit Pflanzen oder mit Schutt bedeckt ist, mußt du diese Auflage vorher entfernen. Gras kann vorsichtig mit der Handschaufel abgehoben und im Anschluß an den Versuch wieder hingelegt und festgetreten werden.
4 Setze dein durchlöchertes Gefäß mit der offenen Seite auf den Boden, und treibe es durch Drauftreten **vorsichtig** in den Boden. Die Dose darf nicht deformiert werden.
5. Sobald du anhand der Löcher erkennst, daß die Dose vollständig gefüllt ist, muß sie **vorsichtig** ausgegraben werden.
6. Entferne mit der Handschaufel alle Erde, die über dem Rand des Gefäßes steht.

Messung des Luftgehaltes

7. Setze jene Dose, ohne Löcher im Boden, mit der Öffnung nach oben in den Meßbecher. Fülle Wasser bis zur 1000-cm^3-Markierung (= 1 Liter) hinzu.
8. Nimm die mit Wasser gefüllte Dose aus dem Meßbecher wieder heraus, ohne etwas zu verschütten. Notiere:

   a) Wasservolumen im Meßbecher:____cm^3, **b)** Wasservolumen in der Dose:______cm^3
   = *Rauminhalt der Dose* (cm^3)

9. Das Gefäß mit der Bodenprobe wird jetzt in den Meßbecher gestellt.
   Notiere so lange alle Beobachtungen, bis keine Luft mehr aus der Erde entweicht.

   c) Wasservolumen im Meßbecher:____cm^3, **d)** *Rauminhalt der Luft in d. Bodenprobe*:____cm^3

10. Berechne nach folgender Formel den Luftgehalt der Bodenprobe in Prozent.

$$\frac{\textit{Rauminhalt der Luft in der Bodenprobe x 100}}{\textit{Rauminhalt der Dose}} = \_\_\_\_\_\_ \%$$

Erwärmung von Böden

(Strahlungsabsorption)

Bedeutung des Versuchs

Die Erwärmung der Lufttemperatur erfolgt zum großen Teil über die Erwärmung des Bodens. Spürbar ist dies zum Beispiel im Sommer, wenn die Tageshöchsttemperatur nicht während des Sonnenhöchststandes, sondern am frühen Nachmittag gemessen wird.

Da dunklere Böden mehr Strahlung absorbieren und in Wärme umwandeln als helle, tragen sie verstärkt zur Erwärmung der untersten Atmosphärenschicht bei.

Sowohl für Pflanzenkeimung und -wachstum als auch für die Bodenentwicklung stellt die Bodentemperatur ein wichtiger begrenzender Faktor dar.

Da ein Boden Wärme speichern kann, mildert er bei Schwankungen der Sonneneinstrahlung (Tag - Nacht, Sommer - Winter) die Temperaturunterschiede.

Hinweise zum Versuch

Falls in der Umgebung der Schule nur bräunlicher Sand vorkommt, sollte ersatzweise Mehl für den zweiten Versuchsansatz verwendet werden. Es hat sich gezeigt, daß bei geringen Farbunterschieden der Proben keine eindeutigen Ergebnisse zu erzielen sind.

Auch ist es wichtig, daß für den Versuch **trockene** Bodenproben zur Verfügung stehen. Feuchte Böden sind zwar dunkler als trockene und absorbieren daher mehr Wärmeenergie, gleichzeitig wird für die Verdunstung aber Energie verbraucht, wodurch sich die Meßwerte in unberechenbarer Weise verändern.

Bei der Auswertung der Meßergebnisse kann gegebenenfalls darauf hingewiesen werden, daß Temperaturunterschiede bei unbewachsenen Böden außer von der Bodenfarbe auch von der mineralischen Beschaffenheit, der Bodenstruktur und der Durchfeuchtung abhängen.

Veränderte Versuchsdurchführung

Anschauliche Ergebnisse sind auch zu erzielen, wenn die Thermometer bei diesem Versuch **auf** der Bodenoberfläche liegen.

Versuchsergebnis

Die dunkle Bodenprobe wird um mehrere Grad wärmer als die helle.

Erklärung des Ergebnisses

Dunklere Bodenmaterialien reflektieren weniger Strahlungsenergie als helle, was aus folgender Aufstellung ersehen werden kann.

Visuelle Albedo	
dunkler Ackerboden:	7 - 10 %
trockener Sand	18 %
weißer Quarzsand	34 %
Dünensand nahe der Brandung	26 - 63 %

nach: J. Blüthgen & W. Weischet (1980, S. 98)

Jene Strahlung, die ein Körper nicht reflektiert oder durchläßt, wird absorbiert und in Wärme umgewandelt. Deshalb erreichen dunklere Böden, bei gleicher Strahlungsintensität, eine höhere Temperatur als helle Böden.

Erwärmung von Böden

Material

2 Gefäße
2 Glasthermometer (z.B. Aquariumsthermometer)
1 dunkle Bodenprobe (oberste Bodenschicht oder Blumenerde)
1 helle Bodenprobe (weißer Sand oder ersatzweise weißes Mehl)
Wärmequelle (Sonne oder z.B. Tischlampe mit Halogenbirne)

Versuchsdurchführung

1. Fülle in beide Gefäße eine gleich hohe, etwa 3 cm dicke Schicht. In ein Gefäß wird nur die dunkle, in das andere die helle Bodenprobe gegeben.
2. Stecke in jede der Bodenproben den Meßbereich eines Thermometers senkrecht hinein.
3. Beide Versuchsansätze werden nun so unter die Wärmequelle gestellt, daß sie gleichmäßig bestrahlt werden.
4. Kontrolliere regelmäßig die Temperatur der Thermometer.

	nach 5 Minuten	nach 15 Minuten	nach _____ Minuten
helle Bodenprobe			
dunkle Bodenprobe			

Ergebnis

Erklärung

Verhalten von Wasser (Kapillarität)

Bedeutung der Versuche

Innerhalb des Wurzelraumes wird dem Boden ständig Wasser entzogen. Um eine gleichmäßige Wasseraufnahme der Wurzeln zu gewährleisten, ist der kapillare Aufstieg des Wassers für die Pflanzenversorgung sehr wichtig. Dies erlaubt, besonders für flach wurzelnde Pflanzen, eine Wassernachlieferung, die unabhängig von Niederschlägen ist.

Hinweise zu den Versuchen

Für den **Versuch mit Bodenprobe und Kreide** (siehe S. 27) benötigen die Schüler am wenigsten Abstraktionsvermögen bei der gedanklichen Übertragung auf die Abläufe in der Natur. Allerdings ist der kapillare Aufstieg des Wassers hierbei nicht so deutlich bzw. nicht so schnell zu erkennen wie bei den Papierstreifen des zweiten Versuchs.
Der Versuch funktioniert auch, wenn statt des Glasrohrs ein kleines Trinkglas verwendet wird.
Zum 2. Versuch (siehe S. 28):
Es können bei diesem Versuch auch verschiedene Materialien gleichzeitig getestet werden. Gut geeignet sind saugfähige Papierstreifen. Wird Löschpapier verwendet, so erfolgt der Aufstieg der Feuchtigkeit langsamer als bei Haushaltspapier, ist jedoch besser zu erkennen.

Versuchsbeobachtungen

1. Versuch

a) *Bodenprobe*: Aufgrund der von außen ungefähr erkennbaren Dunklerfärbung der Bodenprobe von unten nach oben kann man einen Aufstieg des Wassers verfolgen.

b) *Kreide*: Je nach der Struktur der Kreide steigt das gefärbte Wasser unterschiedlich hoch auf, was an der unregelmäßigen Linie der Feuchtigkeitsobergrenze erkennbar ist.

In welchem der Untersuchungsmaterialien das Wasser schneller aufsteigt, hängt von der Struktur der Bodenprobe ab.
Nach 24 Stunden sind sowohl Bodenprobe als auch Kreide insgesamt feucht.

2. Versuch

Deutlich nimmt die Feuchtigkeit des *Papierstreifens* entgegengesetzt zur Schwerkraft zu.

3. Versuch

Ein Teil des Wassers fließt außen an den *Gläsern* ab, während ein anderer Teil, angefangen vom Spalt zwischen den Glasrändern, an der Innenfläche in das untere Glas hineinfließt.

Erklärung der Versuchsbeobachtungen

Zu den Versuchen 1 und 2

Diese beiden Versuche zeigen, daß in porösen Materialien Wasser, im Gegensatz zum Sickerwasser, nach oben steigen kann. Die Aufstiegshöhe hängt mit der Struktur des Materials zusammen. Das Wasser steigt um so höher, je kleiner der Kapillarquerschnitt und je stärker die Abweichung dieses Querschnitts von der Kreisform ist. Ein zunehmender Anteil sehr feiner Bodenbestandteile bewirkt somit einen höheren kapillaren Aufstieg. Man erfährt praktisch nur experimentell, wie hoch Kapillarwasser in einem bestimmten Material steigen kann.

Ursache dieser Wasserbewegung ist die unterschiedliche Wasserspannung innerhalb eines Bodens. Jene Kräfte, die das Wasser im Boden gegen die Schwerkraft zu halten vermögen, die Kapillar- und Adsorptionskräfte, sind in unterschiedlich feuchten Bodenbereichen verschieden stark. Um diese Kräfte auszugleichen, kann sich das ansonsten nicht frei bewegliche Haftwasser im Boden in alle Richtungen bewegen.

Zu Versuch 3

Es wird dabei deutlich, daß durch einen engen Spalt Kapillarkräfte auftreten können. Außerdem ist zu sehen, daß sich Kapillarwasser auch in horizontaler Richtung bewegt.

Verhalten von Wasser

Material

1 Teller
2 Glasrohre (oder Plastikrohre)
2 Stücke Stoff
2 Gummiringe
1 ganzes Stück weiße Kreide
Bodenprobe
Wasser
Tinte (oder Kaliumpermanganat)

Versuchsdurchführung

1. Gieße Wasser in den Teller bis zu einer Höhe von etwa 2 cm. Gib 10 Tropfen Tinte hinzu, und rühre, bis eine gleichmäßige Färbung vorliegt.
2. Fülle die Glasrohre zu etwa drei Viertel mit der Bodenprobe. Verschließe sie dann mit einem Stück Stoff und dem Gummiring.
3. Stelle eines der Glasrohre mit der durch den Stoff verschlossenen Seite nach unten in den Teller. Das zweite Glasrohr bleibt außerhalb des Tellers und dient zum Vergleich.
4. Gib außerdem ein aufrecht stehendes Kreidestück in die Flüssigkeit.
5. Notiere deine Beobachtungen nach 5 Minuten und nach 24 Stunden. Prüfe die Kreide jeweils auch mit den Fingern.

Versuchsbeobachtungen

	Bodenprobe	Kreide
nach 5 Minuten		
nach 24 Stunden		

Erklärung der Beobachtungen

Verhalten von Wasser

Material

1 durchsichtiges Trinkglas (oder Becherglas)
Löschpapier (oder Haushaltspapier)
Schere
Klebestreifen
Wasser

Versuchsdurchführung

1. Schneide einen Streifen Löschpapier so zurecht, daß er mindestens so lang wie das Glas hoch ist.
2. Stelle den Löschpapierstreifen senkrecht in das Glas, und befestige ihn mit Klebestreifen am inneren oberen Rand.
3. Fülle nun Wasser bis zu einer Höhe von 2 cm in das Glasgefäß.

Versuchsbeobachtungen

Erklärung der Beobachtungen

Verhalten von Wasser

Material

2 gleiche Weingläser (oder Sektschalen)
Wasser
saugfähige Unterlage (oder Teller bzw. flache Schale)

Versuchsdurchführung

1. Stelle eines der beiden Gläser auf die Unterlage. Setze das zweite Glas mit der Öffnung nach unten **genau** auf die Öffnung des ersten Glases.
2. Gib einige Tropfen Wasser, unterhalb des Glasstieles, auf die Wölbung des oberen Glases, und beobachte die Vorgänge.

Versuchsbeobachtungen

Erklärung der Beobachtungen

Bodenversalzung

Bedeutung des Versuchs

Salzanreicherungen im Bereich der Bodenoberfläche kommen besonders unter ariden und semiariden Klimabedingungen vor. Oberflächennahe Salzlagerstätten oder salzhaltiges Grund- oder Oberflächenwasser sind die Voraussetzung.

Gefördert wird der Salzaufstieg in ariden oder semiariden Gebieten teilweise durch Bewässerungsmaßnahmen oder durch Anstieg des Grundwasserspiegels infolge von Stauseeanlagen. Aber auch ohne eingreifende Maßnahmen des Menschen entstehen Salzböden, z.B. der Solontschak.

Nur Halophyten (salzliebende Pflanzen), von denen in Deutschland einige Arten am Wattrand der Nordseeküste vorkommen, können stärkere Salzkonzentrationen bis zu einer gewissen Grenze vertragen.

Für die Landwirtschaft sind versalzte Böden untauglich. Einige Kulturpflanzen weisen allerdings eine relative Salztoleranz auf. Zum Beispiel gilt die Dattelpalme (nach K.KREEB, aus: G. JUNG, 1979, S. 202) als eine Pflanze mit guter Salztoleranz, da mindestens 50% dieser Bäume bei 0,65% Salzgehalt pro Trockengewicht eines Bodens überleben.

Hinweise zum Versuch

Der Versuchsansatz ohne Salz ist ein sog. Kontroll- oder Blindversuch, durch den ein eindeutiger Rückschluß des Ergebnisses, auf die Ursache des Salzaufstieges, möglich wird.

Als Gefäße eignen sich am besten flache Teller (Durchmesser ca. 15 cm) oder Tiefkühlbehälter, ersatzweise auch feste Alufolie. Bei hohen Gefäßen dauert der Verdunstungsprozeß sehr lange.

Um die Bodenbedingungen arider Gebiete am anschaulichsten zu simulieren, sollte möglichst trockene Erde verwendet werden.

Je nach der Größe der Verdunstungsfläche und der Intensität der Wärmeeinwirkung kann nach 1 bis 3 Tagen ein eindeutiges Versuchsergebnis erwartet werden.

Versuchsergebnis

Bei dem Versuch **mit** Salz hat sich dieses auf der Bodenoberfläche als weißlicher, glitzernder Belag angesammelt.
Falls durchsichtige Glasgefäße verwendet wurden, können auch unterhalb der Oberfläche weiße Ablagerungen erkannt werden, die im Boden unregelmäßig verteilt sind.

Es ist möglich, daß bei dem Blindversuch auf der ausgetrockneten Bodenoberfläche ebenfalls weißliche Strukturen sichtbar sind. Diese können unterschiedliche Ursachen haben, z.B. kann es sich um Pilzhyphen oder um weißliche Sandkörner handeln. Ein der anderen Bodenprobe vergleichbares Glitzern ist allerdings nicht zu beobachten. Auch die weißen Ablagerungen *innerhalb* der Bodenprobe fehlen.

Bodenversalzung

Material

100 g einer Bodenprobe (oder Blumenerde)
Salz
Wasser
2 Gefäße
Waage
Meßzylinder
Teelöffel
Folienschreiber

Versuchsdurchführung

1. Beschrifte ein Gefäß mit folgenden Angaben: a) Versuch mit Salz, b) Datum, c) Namen der Arbeitsgruppenmitglieder.
   Das zweite Gefäß erhält die Beschriftung: a) Versuch ohne Salz, b) Datum, c) Namen.
2. Gib 3 Teelöffel voll Salz auf den Boden des dafür vorgesehenen Gefäßes.
3. Fülle nun **beide** Gefäße mit je 50 g einer Bodenprobe auf, und drücke sie fest.
4. Gieße vorsichtig so viel Wasser hinzu, daß die Erde sichtbar feucht aussieht.
5. Stelle beide Gefäße auf die Heizung oder auf eine Stelle, die möglichst lange besonnt wird.

Versuchsergebnisse

Versuch mit Salz:

Versuch ohne Salz:

Erklärung der Versuchsergebnisse

Pflanzenwachstum auf salzhaltigem Boden

Hinweise zum Versuch

Auf einen gestrichenen Teelöffel passen ungefähr 5 g Salz, die mit 200 ml Wasser eine 2,5 %ige Salzlösung ergeben. Das Gewicht des Salzes, welches auf eine Messerspitze paßt, ist nur mit einer sehr genauen Waage ermittelbar. Falls für Versuch 2 eine einfach berechenbare Salzkonzentration gewünscht wird, kann ein Teelöffel voll Salz in 1000 ml Wasser aufgelöst werden. Dadurch erhält man eine 0,5 %ige Salzlösung.

Die Versuchsansätze sollten mindestens **vier Tage** stehengelassen werden, ehe Schüler die Keimung der Kressepflanzen begutachten, da die Wachstumsunterschiede dann deutlicher sichtbar sind.

Eine Austrocknung der Bodenproben ist zu vermeiden, damit das Wachstum der Kressekeimlinge nicht durch Wassermangel beeinflußt wird.

Vereinfachte Versuchsdurchführung

Auf den Boden flacher Glasschalen wird Watte gelegt, die man ebenfalls mit Salzlösungen und bei einem Ansatz mit Wasser befeuchtet. Kressesamen keimen gut auf dieser Unterlage.

Versuchsbeobachtungen

Versuchsansatz: Das Wasser, in welches ein Teelöffel voll Salz gegeben wurde, ist trüb. In den beiden anderen Gläsern befinden sich klare Flüssigkeiten.

Nach einigen Tagen: Es sind deutliche Entwicklungsunterschiede bei den Kressekeimlingen sichtbar.
Bei **Versuch 1** haben sich nirgends Wurzeln oder Keimblätter gebildet. An wenigen Stellen sind spärliche Salzablagerungen auf der Bodenoberfläche zu erkennen.
In dem Glas ist die Salzlösung jetzt klar. Allerdings hat sich ein weißer Bodensatz aus Salz auf dem Grund abgelagert.
Versuch 2: Einige der Samenhüllen sind aufgeplatzt. Dort wurden Wurzeln und zum Teil Sprosse mit Keimblättern ausgebildet.
Versuch 3: Es gibt noch mehr Keimlinge als bei Ansatz 2. Auffallend ist das viel fortgeschrittenere Längenwachstum einiger Sprosse.

Erklärung der Versuchsbeobachtungen

Das von Salz unbeeinflußte Wachstum der Kressepflanzen ist bei Versuchsansatz 3 zu beobachten. Im Vergleich dazu sind leichte Wachstumsstörungen infolge der relativ geringen Salzkonzentration bei Versuch 2 erkennbar. Auf dem stärker salzhaltigen Boden von Versuch 1 ist Keimung und Wachstum für Kressepflanzen nicht möglich.

Pflanzenwachstum auf salzhaltigem Boden

Material

300 g einer Bodenprobe
Kressesamen
Salz
3 Gefäße (Tiefkühlbehälter, Maße: 10 x 10 x 6 cm; Einweck- oder Bechergläser)
3 kleine Gläser (Trinkgläser, Bechergläser o.ä.)
Meßbecher
Waage
Teelöffel
Messer
Folienschreiber

Versuchsdurchführung

1. Fülle in alle drei Gefäße 100 g von der Bodenprobe.
2. Jedes Glas wird mit 200 ml Wasser gefüllt. Ordne jedem Gefäß eines der Gläser zu.
3. Schütte in das **erste** der Gläser einen ungehäuften Teelöffel Salz, und rühre dann um.
4. Gib in das **zweite** Glas eine Messerspitze voll Salz, und verrühre es. Das **dritte** Glas bleibt ohne Salz.
5. Befeuchte jede Bodenprobe reichlich mit der Flüssigkeit aus dem zugehörigen Glas.
6. Beschrifte Gläser und Gefäße mit **a)** Datum, **b)** Versuch 1: ein Teelöffel Salz in 200 ml Wasser usw., **c)** Namen der Arbeitsgruppenmitglieder.
7. Verteile auf jeder Bodenprobe zwanzig Kressesamen.

Beobachtungen

	Beobachtungen	
	Datum:	Datum:
Versuch 1 (Wasser mit einem Teelöffel Salz)		
Versuch 2 (Wasser mit einer Messerspitze Salz)		
Versuch 3 (Wasser ohne Salz)		

Organische Bodenbestandteile

(Humusgehalt)

Bedeutung des Versuchs

Humus ist die Sammelbezeichnung für abgestorbene organische Stoffe in und auf dem Boden. In Abhängigkeit von verschiedenen Umweltfaktoren werden diese Stoffe zersetzt und dienen zur Nährstoffnachlieferung des Bodens. Da der Humus die physikalischen, chemischen und biologischen Eigenschaften eines Bodens stark beeinflußt, hat er besonders für die Landwirtschaft eine große Bedeutung. Auf einem Ackerboden fällt in der Regel pro Jahr viel weniger organische Substanz zur Humusbildung an als auf Grünland und Wald. Dies hat zur Folge, daß der landwirtschaftlich genutzte Boden gedüngt werden muß.
Schwere, tonreiche Böden haben bei gleichen Umweltfaktoren meist einen höheren Humusgehalt als sandige Böden, da der Luft-, Wärme- und Wasserhaushalt beim Tonboden schlechter ist. Dies führt zu schlechten Lebensbedingungen für jene an der Zersetzung beteiligten Mikroorganismen, die Sauerstoff für ihren Stoffwechsel benötigen. Als Folge davon ist bei Tonböden der Abbau der organischen Substanzen meist verlangsamt.

Hinweise zum Versuch

Da Wassergehalt in Bodenproben die Ergebnisse der Wägungen verfälscht, müssen die Proben für diesen Versuch völlig trocken sein. Der Trocknungsvorgang kann nach der Versuchsbeschreibung „Wassergehalt von Bodenproben" erfolgen.

Nur bei ton- und kalkfreien Böden kann mit diesem Versuch der Anteil organischer Substanz genau bestimmt werden. Bei allen übrigen Böden gibt es verschiedene Fehlerquellen. So enthalten z.B. Tonminerale Kristallwasser, welches erst bei mehr als 105° C abgegeben wird. Außerdem bilden Tonminerale mit einem Teil der organischen Substanz stabile Tonhumuskomplexe. Bei kalkhaltigen Böden entweicht durch den Glühprozeß Kohlendioxid aus dem Kalk, wodurch sich bei den Gewichtsbestimmungen fälschlicherweise ein höherer Anteil organischer Substanz ergibt. Diese Reaktion erfolgt zwar erst ab ca. 900° C, jedoch kann diese Temperatur von der Bunsenbrennerflamme erreicht werden.

Versuchsbeobachtungen

Anfangs ist eine deutliche Verkohlung und eventuell Gasentwicklung erkennbar. Der Boden verfärbt sich Dunkelbraun, ist aber im ausgeglühten Zustand dann hellbraun. Sobald keine Farbveränderung mehr zu beobachten ist, kann der Versuch abgebrochen werden, da dann alle organischen Bodenbestandteile verglüht sind. Dies kann bei hohem Humusgehalt bis zu 30 Minuten dauern. Für humusarme Böden wird entsprechend weniger Zeit benötigt.

Organische Bodenbestandteile (Humusgehalt)

Material

getrocknete Bodenprobe
Mörser und Pistill
Eisenschale
Eisendraht oder Metallöffel
Bunsenbrenner
Dreifuß
Metallnetz
Tiegelzange
Waage

Versuchsdurchführung

1. Zerreibe vollkommen trockene Erde in einem Mörser.
2. Wiege von der Bodenprobe auf einer Waage 50 g ab.
3. Gib die abgewogene Menge in eine flache Eisenschale.
4. Lege das Metallnetz auf den Dreifuß, und stelle die Eisenschale darauf.
5. Stelle den Bunsenbrenner auf kleine Flamme, und glühe dann die Erde durch. Rühre dabei ständig mit dem Eisendraht oder Metallöffel um. Zum Festhalten der Eisenschale kannst du eine Tiegelzange benutzen. Notiere deine Beobachtungen.
6. Wenn die Erde vollkommen durchgeglüht ist, lasse die Schale abkühlen, und wiege die Erde noch einmal.
7. Notiere den Wert unter Punkt 3 des Versuchsprotokolls, und berechne dann den Anteil der organischen Bodenbestandteile.

Versuchsprotokoll

1. Ort der Probenentnahme:

2. Versuchsbeobachtungen:

3. Gewicht der Bodenprobe nach dem Verglühen der organischen Bestandteile:

4. Berechnung der organischen Bestandteile:

   a) *Gewicht vor dem Glühen (in g) - Gewicht nach dem Glühen (in g) = Anteil der organischen Bestandteile (in g)*

   b) $$\frac{\text{Anteil der organischen Bestandteile (in g) x 100}}{\text{Ausgangsgewicht (in g)}} = \text{Anteil der organischen Bestandteile in \%}$$

Tätigkeit von Bodenlebewesen

(Regenwürmer)

Bedeutung des Versuchs

Regenwürmer tragen aufgrund ihrer grabenden Tätigkeit wesentlich zur Durchmischung des Bodens bei. Außerdem sind sie wegen der Verdauung organischer Bodenbestandteile an der Humusbildung beteiligt.

Hinweise zum Versuch

Die Aluminiumfolie dient als Lichtschutz für die Regenwürmer, die sich innerhalb des abgedunkelten Gefäßes auch am Rand des Glases bewegen und nach Abnahme der Folie dann besser zu beobachten sind. Damit für beide Versuchsansätze die gleichen Bedingungen herrschen, ist auch das regenwurmlose Gefäß mit Folie zu umwickeln (Kontrollversuch).

Als Standort für die Gläser eignet sich ein kühler Raum. Ein Platz nahe der Heizung oder in der Sonne ist zu vermeiden.

Die Feuchtigkeit der Bodenproben sollte regelmäßig überprüft und in etwa konstant gehalten werden.

Den Regenwürmern kann man Blätter als Nahrung anbieten. Diese sollten möglichst aus dem gleichen Gebiet stammen, in dem die Würmer gesammelt wurden, da diese Nahrungspräferenzen haben.

Um die Regenwürmer nicht zu schädigen, können Schüler, nach Beendigung des Versuchs, die Probengefäße im Garten oder Wald auskippen.

Versuchsbeobachtungen

Am **Tag des Versuchsansatzes** können die Schüler verfolgen, wie die Regenwürmer in den Boden eindringen.

Nach einer Woche sind die Schichtgrenzen bereits leicht verwischt. Teilweise gibt es waagerechte und senkrechte Gänge zu sehen. Auf der Bodenoberfläche ist Regenwurmkot abgelagert.

Deutlicher kann das Ergebnis der Regenwurmtätigkeit **nach drei Wochen** beurteilt werden. Die Schichtgrenzen sind nur noch undeutlich erkennbar.

Tätigkeit von Bodenlebewesen

Material

2 hohe Glasgefäße (Einweckgläser oder Standzylinder)
mehrere verschiedene Bodenproben (Kies, Sand, Ton, Blumenerde)
ca. 10 Regenwürmer
Folienschreiber
Löffel
Aluminiumfolie

eventuell zusätzlich
Wasser
Spaten

Versuchsdurchführung

1. Fülle die Bodenproben nacheinander in die Glasgefäße. Die Schichtdicke soll jeweils 2 cm betragen, und die Abfolge der Bodenproben muß bei beiden Gefäßen gleich sein. Achte darauf, daß die Schichtobergrenzen der Bodenproben eben sind.
2. Schreibe die Bezeichnung der Bodenproben außen an die Glasgefäße.
3. Falls die Bodenproben sehr trocken waren, kann etwas Wasser in die Glasgefäße gegossen werden. Die Bodenschichten sollten feucht, aber nicht naß sein.
4. Nun können Regenwürmer in **eines** der Glasgefäße gegeben werden. Eventuell mußt du sie zuvor mit dem Spaten selbst ausgraben. Suche dann in Garten- oder Waldboden oder in einem Komposthaufen.
5. Umwickle beide Glasgefäße mit Aluminiumfolie, nachdem du die Regenwürmer einige Minuten beobachtet hast.

	Versuchsbeobachtungen
nach dem Zugeben der Regenwürmer	
nach einer Woche	
nach drei Wochen	

Eigenschaften von Luft

(Luftdruck)

Hinweise zum Versuch

Der Versuch funktioniert auch mit größeren Glasgefäßen. Allerdings sollte bei einem größeren Gefäßdurchmesser dünne Pappe zum Abdecken verwendet werden, da bei flexiblem Papier die Gefahr besteht, daß beim Umdrehen Luft in das Gefäß eindringt.

Versuchsbeobachtung

Nach dem Umdrehen des Glases fallen Papier oder Pappe nicht ab. Das Wasser bleibt im Gefäß, obwohl die Öffnung des Glases nach unten zeigt.

Erklärung

Die Luft wirkt nach allen Seiten, also auch nach oben, mit einer Kraft von 10 N/cm^2. Diese Kraft ist größer als die Gewichtskraft des Wassers in dem Versuch. Daher wird das Papier von dem Luftdruck gegen das mit Wasser gefüllte Glas gedrückt, so daß nichts auslaufen kann.

Eigenschaften von Luft

Material

1 Glasgefäß (z.B.: Trinkglas)
1 Blatt Papier oder dünne, glatte Pappe
Schere
Wasser

Versuchsdurchführung

1. Ein Blatt Papier oder Pappe wird so zugeschnitten, daß es die Öffnung des Glases gut bedeckt.
2. Das Glas wird randvoll mit Wasser gefüllt und dann mit Pappe oder Papier abgedeckt. Die Abdeckung sollte am Rand des Glases festgedrückt werden.
3. Das Glas wird schnell mit der Öffnung nach unten gedreht. Zum Umdrehen sollte das Papier bzw. die Pappe mit der Hand festgehalten werden. Sobald die Öffnung des Glasgefäßes nach unten zeigt, wird das Papier bzw. die Pappe losgelassen.

Beobachtung

Erklärung der Beobachtung

Eigenschaften von Luft
(Luftdruck)

Bedeutung des Versuchs

Innerhalb eines geschlossenen Raumes kann der Luftdruck durch Verkleinerung des Raumvolumens erhöht werden. Fällt die Kraft zur Verkleinerung des Raumes weg, so stellt sich ein Gleichgewicht zwischen dem Luftdruck außerhalb und innerhalb des Raumes ein.

Versuchsbeobachtungen

zu 1.: Die Fahrradpumpe läßt sich erst leicht, dann immer schwerer zusammendrücken. Dies ist jedoch nicht vollständig, nicht bis zum Anschlag, möglich.

zu 2.: Läßt man bei verschlossener Ausströmöffnung den Griff der Fahrradpumpe los, so bewegt er sich relativ schnell vom Gehäuse weg.

Erklärung der Beobachtungen

zu 1.: Da die in der Pumpe vorhandene Luft am Ausströmen gehindert wird, wird sie durch das Hineindrücken des Griffs komprimiert. Es erhöht sich also der Luftdruck innerhalb der Fahrradpumpe.

zu 2.: Die innerhalb der Pumpe komprimierte Luft hat das Bestreben, sich wieder auszudehnen. Fällt die auf den Griff einwirkende Kraft weg, so kann die Luft in Richtung des geringsten Widerstandes ihren ursprünglichen Zustand wiedererlangen.

Eigenschaften von Luft

Material

1 Fahrradpumpe

Versuchsdurchführung

1. Die Fahrradpumpe wird zusammengedrückt, während die Ausströmöffnung mit einem Finger zu verschließen ist.
2. Halte die Ausströmöffnung weiterhin zu, und lasse den Griff der Pumpe los.

Beobachtungen

zu 1.:

zu 2.:

Erklärung der Beobachtungen

Eigenschaften von Wasser und Luft

(Luftdruck)

Hinweise zu den Versuchsmaterialien

Die Größe des Glasgefäßes kann beliebig ausgewählt werden. Je kleiner das verwendete Glas ist, um so schneller erlischt die Kerzenflamme. Ferner sollte darauf geachtet werden, daß das Glasgefäß gut in die Vertiefung des Tellers paßt.

Versuchsbeobachtungen

Die Kerze brennt eine Weile weiter. Allmählich wird die Flamme kleiner, während gleichzeitig der Spiegel des gefärbten Wassers innerhalb des Glases ansteigt. Die Wassermenge außerhalb des Glases wird dadurch kleiner. Kurz nach dem Erlöschen der Flamme stoppt die beschriebene Wasserbewegung.

Erklärung

Für den Verbrennungsvorgang benötigt die Kerzenflamme Sauerstoff. Allmählich wird der Sauerstoffgehalt innerhalb des Glases verringert. Sobald sein Anteil in diesem begrenzten Raum verbraucht ist, erlischt die Flamme.

Der steigende Wasserspiegel innerhalb des Glasgefäßes zeigt an, daß im Glas ein Unterdruck gegenüber der Außenluft entstanden ist. Das Gasgemisch nimmt nach dem Verbrauch des Sauerstoffs einen kleineren Raum ein als vorher. Da wegen des Wassers auf dem Teller keine Luft in Richtung des tieferen Drucks strömen kann, steigt der Wasserspiegel so lange, bis der durch den Verbrennungsvorgang frei gewordene Raumanteil ausgefüllt ist.

Die Erwärmung der Luft innerhalb des Glases kann **nicht** Ursache der beschriebenen Wasserbewegung sein, da sich Gase bei Erwärmung ausdehnen. Demzufolge hätte das Wasser vom Inneren des Glases nach außen strömen müssen.

Eigenschaften von Wasser und Luft

Material

1 tiefer Teller
1 farbloses, durchsichtiges Glasgefäß (z.B. kleines Trinkglas)
1 Teelicht
Streichhölzer
Wasser
Tinte (oder Kaliumpermanganat)

Versuchsdurchführung

1. Gib das Wasser bis zu einer Höhe von etwa 0,5 cm in den Teller. Färbe es dann mit 5 Tropfen Tinte.
2. Stelle die Kerze in die Mitte des Tellers, und zünde sie an.
3. Stülpe das Glasgefäß mit der Öffnung nach unten über die Kerze. Beschreibe anschließend schriftlich deine Beobachtungen.

Versuchsbeobachtungen

Erklärung der Beobachtungen

Eigenschaften von Luft

(Thermisch bedingte Entstehung von Hoch- und Tiefdruck)

Hinweise zum Versuch

Als Rauchentwickler können z.B. Zigarette oder Räucherkerze dienen.

Die Luftströmungen sind nur von nahem gut zu erkennen. Der Versuch eignet sich daher nicht als einmalige Demonstration für eine ganze Schulklasse.

Um die angestrebten Ergebnisse erzielen zu können, sollte es im Raum möglichst windstill sein, da die Luftströmungen sonst zu stark abgelenkt werden.

Der Versuch funktioniert nur, wenn die Kochplatte sehr heiß ist.

Falls kein gefrorenes Kühlelement zur Verfügung steht, kann ein größerer Eiswürfel in einer leeren Konservendose oder in einem flexiblen, oben offenen Plastikgefäß (Tiefkühlbehälter) hergestellt werden.

Am besten ist die ansaugende, horizontale Luftströmung zu erkennen, wenn der Rauchentwickler nur wenig oberhalb des Randes der Kochplatte gehalten wird. Führt man den Versuch mit Eis durch, empfiehlt es sich ebenfalls, den Rauchentwickler ganz dicht über die Oberfläche zu halten.

Beobachtungen

zu 2.: Man erkennt, daß sich der Rauch vom Rand der Kochplatte aus horizontal und über der Mitte der Wärmequelle dann vertikal bewegt.

zu 3.: Die horizontale Luftbewegung ist nur zu beobachten, wenn sich der Rauchentwickler in der unmittelbaren Umgebung der Kochplatte befindet. Wird er zu weit weggehalten, steigt der Rauch weiterhin vertikal auf. Auch die Höhe des Rauchentwicklers über dem Rand der Kochplatte ist für die bei Punkt 2 beschriebene Beobachtung wichtig.

zu 4.: Der Rauch scheint dem Eisblock aufzuliegen und sich dabei langsam von der Mitte in alle Richtungen, besonders zu den Seiten, wegzubewegen.

Erklärung der Beobachtungen

Die Luft über der **Kochplatte** wird erwärmt, dehnt sich aus und steigt auf. Dadurch entsteht direkt über dieser Wärmequelle ein tieferer Luftdruck als in der Umgebung. Aufgrund der sich bildenden Sogwirkung strömt die Luft, die in diesem Fall durch den Rauchentwickler sichtbar ist, in horizontaler Richtung auf die Kochplatte zu. Dort wird sie ebenfalls erhitzt und zum Aufsteigen gebracht.
Die horizontale Luftbewegung kann bei diesem Versuch laut Definition als *Wind* bezeichnet werden, die sichtbare vertikale als *Aufwind*. Eine vollständige Zirkulation ist nicht zu beobachten.

Über dem **Eisblock** ist der Luftdruck höher als in der Umgebung, da bei einem kalten Gas die Abstände zwischen den Molekülen geringer sind als bei einem erwärmten. Um den Luftdruckunterschied auszugleichen, bewegt sich die Luft vom höheren zum tieferen Druck. Im Versuch ist dies durch die von der Oberfläche seitlich wegstrebenden Rauchschwaden sichtbar.

Eigenschaften von Luft

Material

Kochplatte
Eis oder gefrorenes Kühlelement
Rauchentwickler (Zigarette, Räucherstäbchen o.ä.)

Versuchsdurchführung

1. Die Kochplatte wird stark erwärmt.
2. Halte den Rauchentwickler in verschiedener Höhe neben die Kochplatte. Notiere deine Beobachtungen.
3. Variiere zusätzlich die Entfernung des Rauchentwicklers zur Kochplatte, und schreibe dann die Beobachtungen auf.
4. Halte den Rauchentwickler dicht über die Oberfläche des gefrorenen Gegenstandes, und notiere auch diesmal, was du siehst.

Beobachtungen

zu 2.:

zu 3.:

zu 4.:

Erklärung der Beobachtungen

Raumanspruch von Luft bei Erwärmung

Hinweis

Die Öffnung der Glasflasche muß so klein sein, daß sie durch ein Geldstück verschließbar ist. Besonders gut eignen sich daher Saft- oder Limonadenflaschen.

Das Anfeuchten des Öffnungsrandes verhindert ein unbemerktes Entweichen der Luft. Die Flüssigkeit führt zu einer festeren und luftdichten Verbindung von Glasrand und Geldstück.

Versuchsbeobachtung

Nach kurzer Zeit beginnt die Münze auf der Flaschenöffnung zu klappern.

Erklärung der Beobachtung

Vor der Erwärmung ist der Energiezustand der Luftmoleküle in der Flasche und außerhalb gleich. Aufgrund der Temperaturerhöhung bewegen sich die Luftmoleküle schneller, sie üben dadurch einen erhöhten Druck auf die Gefäßwände aus. Da die Münze nur lose aufliegt, wird sie von der sich ausdehnenden Luft angehoben, und ein Teil dieser Luft kann entweichen. Anschließend fällt die Münze auf die Öffnung zurück und schließt die Flasche wieder luftdicht ab.

Nach dem Entweichen der Luft ist die Zahl der Luftmoleküle innerhalb der Flasche geringer als vorher. Der Luftdruck ist allerdings, aufgrund der steigenden kinetischen Energie der Moleküle, nach dem jeweiligen Entweichen von Luft so groß wie am Anfang des Versuchs. Kühlt die Flasche auf die Anfangstemperatur ab, so sinkt der Innendruck.

Vereinfachte Versuchsdurchführung

Eine im Kühlschrank mindestens eine Viertelstunde gekühlte Flasche wird, wie in der Versuchsdurchführung beschrieben, mit einem Geldstück verschlossen. Legt man nun beide Hände um das Glas, klappert die Münze auf der Öffnung. Die Hände sollten für diesen Versuch allerdings warm sein. Es ist auch möglich, daß mehrere Schüler gleichzeitig mit den Händen eine Flasche umfassen.
Die Erklärung der Versuchsbeobachtung weicht etwas von der oben beschriebenen ab. Bei der vereinfachten Versuchsdurchführung weisen die Luftmoleküle innerhalb der Flasche, aufgrund der Kühlung, eine geringere Bewegungsenergie auf. Deshalb üben sie auf die Flaschenwandung einen geringeren Druck aus, als jene außerhalb der Flasche.

Raumanspruch von Luft bei Erwärmung

Material

Wärmequelle (Kochplatte oder Bunsenbrenner mit Dreifuß und Metallnetz)
Glasflasche mit kleiner Öffnung
Geldstück

Versuchsdurchführung

1. Die Öffnung der Glasflasche wird angefeuchtet und dann mit einem Geldstück bedeckt.
2. Nun wird die Flasche auf eine Wärmequelle gestellt und allmählich erwärmt.
3. **Achtung:** Bei zu schnellen Temperaturänderungen kann das Glas zerspringen. Deshalb muß auch die Abkühlung nach dem Versuch langsam erfolgen.

Beobachtung

Erklärung der Beobachtung

Raumanspruch von Luft bei Erwärmung und Abkühlung

Bedeutung des Experiments

Die Luftschichten der Atmosphäre wölben sich über einem warmen Untergrund auf. Im Gegensatz dazu wird die Luft über einer kalten Stelle komprimiert. Auch innerhalb der Atmosphäre erfolgt der Ausgleich des Luftdrucks, wie im Experiment, vom höheren zum tieferen Druck.

Beobachtungen

Kurz nachdem die Flasche in das kalte Wasserbad gestellt wurde, schrumpft der Luftballon sichtbar zusammen.

Stellt man das Gefäß anschließend ins warme Wasser, so kann man das Aufblähen des Ballons verfolgen.

Erklärung der Beobachtungen

Bei diesem Versuch ist sehr anschaulich zu sehen, daß warme Luft einen größeren Raum einnimmt als kalte.

Die Abstände der Moleküle eines Gases werden bei Erwärmung vergrößert. Da die Luft im Ballon vor der Erwärmung den vorhandenen Raum ausgefüllt hat, wird diese Abstandsvergrößerung durch Dehnung des Ballonmaterials erreicht. Die Dehnung erfolgt so weit, bis ein Druckgleichgewicht hergestellt ist.

Umgekehrt benötigt kalte Luft einen kleineren Raum als warme. Wird die Flasche in das kalte Wasserbad gestellt, so entsteht kurzzeitig ein Unterdruck, der durch das Zusammenfallen der Ballonwände sichtbar wird. Je wärmer das Gas vorher in der Flasche war, desto deutlicher ist es zu beobachten. Deswegen empfiehlt es sich, den Wechsel von einem Wasserbad ins andere mehrfach durchzuführen.

Raumanspruch von Luft bei Erwärmung und Abkühlung

Material

1 Luftballon
1 leere Glasflasche mit kleiner Öffnung
1 warmes Wasserbad
1 kaltes Wasserbad

Versuchsdurchführung

1. Stülpe den Luftballon über den Flaschenhals.
2. Stelle die Flasche in das kalte Wasserbad, und notiere deine Beobachtungen.
3. Gib die Flasche anschließend in das warme Wasserbad.

Beobachtungen

zu 2.:

zu 3.:

Erklärung der Beobachtungen

Luftzirkulation

Bedeutung des Versuchs

Die Vorgänge innerhalb des Aquariums laufen modellhaft, aber stark vereinfacht, wie die Luftzirkulation der massenmäßig geschlossenen Atmosphäre ab. Viele Faktoren, die die Bewegungen der Lufthülle der Erde beeinflussen, können bei diesem Modell nicht berücksichtigt werden. Jedoch wird deutlich, wie ein Ausgleich von Energieunterschieden eines Luftraumes erfolgt, unabhängig von geographischen und erdmechanischen Bedingungen sowie vielen Materialeigenschaften von Luft und Wasser.

Hinweise zum Versuch

Als „Aquarium" eignet sich bereits ein Glasgefäß der Größe 30 x 20 x 20 cm.

Rauchentwickler: Die Schüler sollten keine Zigaretten für diesen Versuch verwenden. Als Ersatz wäre ein Räucherstäbchen möglich, das kurz unter die Glasscheibe gehalten und dann wieder herausgezogen wird.

Damit die Luftzirkulation gut sichtbar ist, sollte der Temperaturunterschied an beiden Seiten des Aquariums möglichst groß sein. Gefäße mit warmem und kaltem Wasser genügen nicht. Gefrorene Kühlelemente oder Eiswürfel sind deshalb für den Versuch notwendig.

Statt des erwärmten Kühlelements kann auch ein Teller mit heißem Wasser verwendet werden. Aufgrund des durch den Rauch besonders gut sichtbaren Wasserdampfes sind die Luftbewegungen dabei an der wärmeren Seite besonders deutlich sichtbar.

Ein dunkler Hintergrund, z.B. schwarze Pappe, erhöht die Erkennbarkeit der Luftbewegungen.

Versuchsbeobachtungen

Über der Wärmequelle steigt der Rauch bis zur Abdeckung des Aquariums auf. Von dort bewegt er sich horizontal in Richtung des gefrorenen Kühlelements, über welchem er absinkt. Am Boden des Aquariums erfolgt die Rauchbewegung von der Kälte- zur Wärmequelle. Insgesamt ist ein Luftkreislauf zu beobachten.

Erklärung der Beobachtungen

Über der **Wärmequelle** erfolgt eine Aufwölbung der Luft, wodurch *unterhalb der Abdeckplatte ein höherer Gasdruck* entsteht. Von diesem Gebiet höheren Drucks bewegen sich die Luftmoleküle, zum Ausgleich der in dem Gefäß entstandenen Druckunterschiede, horizontal nach außen weg. Dadurch bildet sich direkt *über der Wärmequelle ein Gebiet tieferen Drucks*.
Die Luftdruckverhältnisse über der **Kaltquelle** sind genau umgekehrt.

Da Gase das Bestreben haben, Energieunterschiede auszugleichen, bilden sich Luftströmungen vom höheren zum tieferen Druckgebiet. Deshalb fließt, entsprechend dem Druckgefälle, unterhalb der Abdeckplatte die wärmere Luft in Richtung der kälteren, während am Boden die Kaltluft zur Warmluft strömt. Diese horizontalen Luftbewegungen werden als Wind bezeichnet.

Luftzirkulation

Material

1 Aquarium
1 Glasplatte (oder 1 andere Abdeckung für das Aquarium)
1 gefrorenes Kühlelement (oder Eiswürfel im Beutel)
1 erwärmtes Kühlelement (oder 1 Gefäß mit warmem Wasser)
1 Rauchentwickler

eventuell zusätzlich
1 Strohhalm oder 1 Stück Aquariumsschlauch
1 Stück schwarze Pappe (als Hintergrund für die Versuchsbeobachtung)

Versuchsdurchführung

1. Lege das gefrorene Kühlelement in das Aquarium, und zwar an eine der beiden Schmalseiten.
2. Das erwärmte Element wird nun an der gegenüberliegenden Schmalseite abgelegt.
3. Entzünde, nachdem du das Aquarium abgedeckt hast, den Rauchentwickler.
4. Hebe die Abdeckung nur wenig an, und halte den Rauchentwickler kurz in das Aquarium. Verschließe die Abdeckung sofort wieder. Bei Bedarf kann der Rauch auch mit Hilfe eines Strohhalms unter die Abdeckung geblasen werden.
5. Beobachte die Vorgänge vor einem dunklen Hintergrund, z.B. vor einem Stück schwarzer Pappe, und beschreibe sie anschließend schriftlich.

Versuchsbeobachtungen

Erklärung der Beobachtungen

Luftzirkulation

Hinweis zum Versuch

Hält man die Kerze unter die **obere** Tür- oder Fensteröffnung, so steht die Flamme unter Umständen zuerst eine kurze Zeit senkrecht, ehe sie sich dann in Richtung des tieferen Luftdrucks neigt.

Beobachtungen

Annahme: Außerhalb des Zimmers ist es kälter als innen.

Stellt man in diesem Fall die Kerze auf den Boden oder das Fensterbrett, so zeigt die Spitze der Flamme zum Raum hin. Wird die Kerze unter die obere Tür- oder Fensteröffnung gehalten, weist die Flamme nach außen. Nur in mittlerer Fenster- oder Türhöhe steht sie senkrecht.

Sollten die Temperaturverhältnisse genau umgekehrt wie bei der oben genannten Annahme sein, bewegt sich die Kerzenflamme ebenfalls genau entgegengesetzt zur obigen Beschreibung.

Erklärung der Beobachtungen

Ein Zimmer ist niemals so isoliert, daß keinerlei Wärme oder Kälte zugeführt wird. Deshalb bildet sich ein Temperaturgefälle innerhalb des Raumes. Unterhalb der Decke befindet sich die Warmluft und in Bodennähe die kälteste Luft. Ein ähnliches Temperaturgefälle zwischen bodennahen und höheren Luftschichten liegt normalerweise auch außerhalb des Raumes vor.

Wird die Tür oder das Fenster geöffnet, strömt Luft vom höheren zum tieferen Druckgebiet. Da es, nach der Annahme, draußen kälter ist als innen, muß in Bodennähe auch der Luftdruck außerhalb höher als im Raum sein. Deshalb strömt die kalte Luft dort in das warme Zimmer und verdrängt die Raumluft im Bodenbereich.

In dem oberen Teil des Zimmers benötigt die Luft, wegen der vom Boden nachdrängenden Luftmoleküle, einen größeren Raum. Der Druck erhöht sich dort so lange, bis ein Entweichen nach außen erfolgt.

Luftzirkulation

Material

1 Kerze
Streichhölzer

Versuchsdurchführung

1. Zünde die Kerze an.
2. Öffne Tür oder Fenster zu einem Raum mit anderer Lufttemperatur als in diesem Zimmer.
3. Stelle die Kerze auf die Erde bzw. auf das Fensterbrett, und beobachte die Flamme.
4. Halte die Kerze unter die obere Tür- oder Fensteröffnung.
5. Stelle fest, in welcher Höhe die Kerzenflamme so brennt wie vor dem Öffnen des Fensters.

Beobachtungen

zu 3.:

zu 4.:

zu 5.:

Erklärung der Beobachtungen

Luftströmung

Bedeutung des Versuchs

In der Nähe des Erdbodens werden Luftbewegungen durch die Reibungskraft beeinflußt. Diese hat je nach Art der Hindernisse eine unterschiedlich starke abbremsende Wirkung. Außerdem führt sie bei der strömenden Luft zu kleinräumigen Wirbelbildungen, den Turbulenzen. Gut wahrnehmen kann man diese Phänomene in Städten. Dort ist es aufgrund der beschriebenen Eigenschaften der Luft möglich, daß auch im Windschatten von Gebäuden Luftbewegungen spürbar sind. Windstärke sowie Form und Höhe des Hindernisses haben entscheidende Bedeutung für die Ablenkung des Windes.

Die genaue Kenntnis der Intensitäts- und Richtungsänderungen von Windbewegungen durch Bodenhindernisse hat auch für die Errichtung von Windschutzanlagen (z.B. Hecken, Baumreihen usw.) Bedeutung.

Hinweis zum Versuch

Der Versuch funktioniert nur sicher, wenn Flaschen **ohne Etikett** verwendet werden. Bei Flaschen mit Etikett ist u. U. die ablenkende Wirkung so groß, daß die Kerzenflamme nicht erlischt.

Versuchsbeobachtung

Die Kerzenflamme erlischt bei beiden Versuchen.

Erklärung der Beobachtungen

Der Luftstrom teilt sich beim Auftreffen auf die Flasche und vereinigt sich dahinter wieder. Er wird nicht zur Seite weggelenkt. Dies ist ähnlich den Wasserwirbeln von Fließgewässern hinter Hindernissen. Auch mit der liegenden Flasche gelingt es, die Kerze auszublasen, da ein Teil der Luft über das Hindernis hinweggelangt und aufgrund der Flaschenform dahinter hinabströmt. Wird ein Gegenstand anderer Form, z.B. ein Buch, vor die Kerze gestellt, ist es nicht möglich, diese auszublasen.

Luftströmung

Material

Wein- oder Seltersflasche
Teelicht
Streichhölzer

Versuchsdurchführung

1. Die brennende Kerze wird hinter eine Flasche gestellt.
2. Blase nun in Höhe der Flamme kräftig gegen die Flasche.
3. Lege die Flasche vor der Kerze hin, und blase erneut gegen die Flasche.

Beobachtungen

Erklärung der Beobachtungen

Eigenschaften von Luft (Luftwiderstand)

Hinweise zur Versuchsdurchführung

Der Versuch ist deutlicher zu beobachten, wenn die Gegenstände aus großer Höhe fallen. Deshalb empfiehlt es sich, daß die Schüler auf eine Leiter oder einen Stuhl steigen.

Beobachtungsergebnis von Versuch 1

Das Blatt Papier fällt in langsamen Pendelbewegungen zur Erde. Die Geschwindigkeit bleibt während des Falls annähernd gleich.

Der Radiergummi fällt mit zunehmender Geschwindigkeit und erreicht den Boden viel früher als das Papierblatt.

Beobachtungsergebnis von Versuch 2

Das zusammengeknüllte Papier und der Radiergummi kommen nahezu gleichzeitig am Boden an.

Aufgaben

zu 1.: Auf alle Versuchsmaterialien wirkt die Gravitationskraft in Richtung Erdmittelpunkt und der Luftwiderstand, als Gegenkraft, in die entgegengesetzte Richtung. Das zusammengeknüllte Papier und der Radiergummi bieten der Luft etwa den gleichen Widerstand und fallen deshalb gleichmäßig zur Erde. Das ungeknüllte Papier fällt wegen des höheren Luftwiderstandes langsamer.

Bei den Fallbewegungen handelt es sich anfangs um **beschleunigte** Bewegungen. Dies ist wegen der geringen Fallhöhe allerdings nur schwer wahrnehmbar. Nach einer kurzen Fallstrecke bewegen sich die Gegenstände dann mit **konstanter** Geschwindigkeit weiter. Bei gleicher Form der Körper ist die Länge der Beschleunigungsstrecke und damit die Endgeschwindigkeit vom Gewicht abhängig. Schwerere Gegenstände erreichen eine größere konstante Geschwindigkeit. Bei den kurzen Fallzeiten in diesem Versuch spielt dies in der Regel jedoch keine Rolle.

zu 2.: Als Modell einer Schneeflocke dient das ungefaltete Blatt Papier. Da eine Schneeflocke nicht massiv ist, sondern eine große innere Oberfläche aufweist, führt der Luftwiderstand zu einem langsameren Fall als bei einem Hagelkorn. Das Papier hat demgegenüber eine große äußere Oberfläche. Wird es zusammengeknüllt, so verringert sich diese. Die innere Oberfläche bietet in dem Fall keine nennenswerten Angriffspunkte für den Luftwiderstand. Das geknüllte Papier und der Radiergummi können daher als Modelle für Hagelkörner gelten. Es ist für die vollständige Erklärung allerdings zu berücksichtigen, daß nicht nur der Luftwiderstand sondern auch das Gewicht von Papier, Radiergummi, Schneeflocke und Hagelkorn die jeweilige Fallgeschwindigkeit mitbestimmt.

	Durchmesser (mm)	Fallgeschwindigkeit (cm/s)
Schneeflocken	10 - 30	100 - 200
Hagel	10 - 30	über 500

nach: H. MALBERG (1985, S. 83)

Eigenschaften von Luft

Material

2 DIN-A4-Blätter
1 Radiergummi oder Kugelschreiber

Versuch 1

Lasse aus den erhobenen Händen gleichzeitig ein ungefaltetes Blatt Papier und einen Radiergummi oder ähnliches fallen.

1. Beobachtungsergebnis

Versuch 2

Wiederhole den 1. Versuch. Verwende diesmal ein Blatt Papier, das du zu einer kleinen Kugel zerknüllt hast.

2. Beobachtungsergebnis

Aufgaben

1. Begründe die beobachteten Fallgeschwindigkeiten der Gegenstände.

2. Schließe aus den Beobachtungsergebnissen auf die Fallgeschwindigkeiten von Hagelkorn und gleich großer Schneeflocke, und begründe deine Überlegungen.

Eigenschaften von Wasser

(Kondensation und Verdunstung)

Bedeutung des Versuchs

Durch Erhitzen des Wassers werden verstärkt Wasserdampfmoleküle frei. Unter bestimmten Voraussetzungen schließen sich diese Moleküle wieder zu Wassertropfen zusammen, d.h., sie kondensieren. Warme Luft kann eine größere Menge an Wasserdampf enthalten als kalte. Wird die Luft abgekühlt, wie im Versuch an der Glasplatte, so kommt es nach Überschreitung der Sättigungsgrenze zur Kondensation oder bei Temperaturen unter dem Gefrierpunkt zur Sublimation. In der Atmosphäre führt Kondensation zur Wolkenbildung und Sublimation zur Entstehung von Reif.

Hinweise zum Versuch

Für diesen Versuch ist es günstig, wenn die Maße der Glasplatte größer sind als der Topfdurchmesser, damit der heiße Dampf nicht die Finger verletzt. Zum Beispiel kann für ein Gefäß von 17 cm Durchmesser eine Glasplatte mit einer Kantenlänge von 30 cm verwendet werden.

Bei Punkt b der Versuchsanleitung für die Schüler wurde die cm-Angabe weggelassen, da diese auf die Hitzeentwicklung der vorhandenen Wärmequelle abgestimmt werden sollte. Falls eine elektrische Kochplatte verwendet wird, genügen 5 cm Abstand. Bei einer Gasflamme muß der Abstand größer sein.

Beobachtungen

zu 1.: Der aufsteigende Wasserdampf führt zum Beschlagen der Glasscheibe. Man kann an den Rändern der Glasscheibe gut beobachten, wie der Dampf unter der Scheibe zur Seite ausweicht und dann wieder aufsteigt. Allmählich bilden sich an der Unterseite der Glasscheibe Wassertropfen.

zu 2.: Ohne sichtbare Dampfentwicklung wird die kondensierte Wassermenge kleiner.

Erklärung der Beobachtungen

zu 1.: Der Wasserdampf ist wärmer als die Zimmerluft und steigt deswegen auf. Durch die Glasplatte wird der Aufstieg jedoch behindert. Ein Teil des Dampfes kondensiert an der kälteren Glasscheibe, die dadurch an der Unterseite beschlägt und kurze Zeit später Wassertropfen aufweist. Der übrige Wasserdampf weicht gleichmäßig zu allen Seiten unterhalb der waagerechten Glasplatte aus, um dann wieder aufzusteigen.

zu 2.: Das Wasser an der Unterseite der Glasplatte wird bei Erwärmung allmählich von der Zimmerluft aufgenommen und dadurch unsichtbar. Diese Verdunstung würde ohne die Wärmequelle viel langsamer ablaufen.

Eigenschaften von Wasser

Material

Bunsenbrenner, Dreifuß und Metallnetz (oder: Herdplatte, Campingkocher)
Erlenmeyerkolben (oder: Topf)
Glasplatte
Wasser

Versuchsdurchführung

1. Erhitze etwa einen halben Liter Wasser.
2. Sobald das Wasser kocht, wird die Glasplatte waagerecht über das Gefäß gehalten. Der Abstand zwischen Gefäß und Glasplatte sollte dabei etwa 10 cm betragen. Beobachte für drei Minuten die Vorgänge an der Glasplatte, und notiere sie anschließend.
3. Stelle das Gefäß zur Seite, und halte die Glasplatte einige Zentimeter über die Wärmequelle. Beobachte wieder die Vorgänge an der Glasplatte drei Minuten lang, und schreibe die Ergebnisse auf.

Beobachtungen

zu 2.: Die Glasplatte wird über das mit kochendem Wasser gefüllte Gefäß gehalten.

zu 3.: Die Glasplatte wird über die Wärmequelle gehalten.

Deutung der Beobachtungen

Luftfeuchtigkeit

Hinweise zum Versuch

Meteorologen ermitteln die Luftfeuchtigkeit mit einem Psychrometer, das, wie bei diesem Versuch, aus 2 Thermometern besteht, wovon eines einen feuchten Stoffüberzug besitzt.

Falls der Stoff von den Schülern selbst zugeschnitten werden soll, sind hierfür zusätzlich **Scheren** nötig.

Der Meßvorgang kann gestoppt werden, sobald die Temperatur des befeuchteten Thermometers wieder zu steigen beginnt.

Vereinfachte Versuchsdurchführung

Eine Temperatursenkung bei Verdunstung läßt sich auch messen, wenn nicht der Stoff, sondern die temperaturempfindliche Spitze eines Thermometers in zimmerwarmes Wasser getaucht wird. Dieses Verfahren ist zwar einfacher, entspricht aber weniger der von den Meteorologen durchgeführten Meßmethode mit dem Psychrometer.

Versuchsbeobachtung

Die Temperatur des befeuchteten Thermometers sinkt während des Verdunstungsvorganges.

Erklärung der Beobachtung

Verdunstung ist ein energieverbrauchender Prozeß. Je trockener die Umgebungsluft ist, um so größer ist das Sättigungsdefizit und damit die Verdunstung. Die Temperatur des befeuchteten Thermometers sinkt demzufolge um so stärker, je mehr Wärme für den Verdunstungsvorgang verbraucht wird.

Versuchsauswertung

Aus der Temperaturdifferenz von befeuchtetem zu trockenem Thermometer läßt sich anhand folgender Tabelle die **relative Luftfeuchtigkeit in %** für einige Werte ermitteln.

°C (trock. Thermom.)	Temperaturdifferenz des feuchten gegenüber dem trockenen Thermometer in °C												
	0	0,5	1	1,5	2	3	4	5	6	7	8	9	10
26	100	96	92	88	85	78	71	64	58	52	46	40	34
25	100	96	92	88	84	77	70	63	57	50	44	38	33
24	100	96	92	88	84	77	70	63	56	49	43	37	31
23	100	96	92	88	84	76	69	62	55	48	42	36	30
22	100	96	92	88	84	76	68	61	54	47	40	34	28
21	100	96	91	87	83	75	67	60	53	46	39	32	26
20	100	96	91	87	83	74	66	59	51	44	37	30	24
19	100	95	91	86	82	74	66	58	50	43	36	29	22
18	100	95	91	86	82	73	65	56	49	41	34	27	20
17	100	95	90	86	81	72	64	55	47	39	32	24	17
16	100	95	90	85	81	71	63	54	46	37	30	22	15
15	100	95	90	85	80	71	61	52	44	36	27	20	12

Luftfeuchtigkeit

Material

2 Thermometer aus Glas (Aquariums- oder Badethermometer)
dünner Stoff (z.B. Verbandsmull)
Gummiring
zimmerwarmes Wasser
Uhr

Versuchsdurchführung

1. Notiere die Temperatur beider Thermometer.
2. Tauche den Stoff in das zimmerwarme Wasser, und lege ihn dann in einer Lage fest um eines der Thermometer. Berühre dabei nicht das temperaturempfindliche Ende.
3. Befestige den Stoff mit einem Gummiring so, daß du die Temperaturangaben über 0° C ohne Schwierigkeiten ablesen kannst.
4. Bewege beide Thermometer gleichmäßig und vorsichtig durch die Luft. Kontrolliere die Temperatur jede Minute.

Temperatur in Grad Celsius (° C)

	vor Versuchsbeginn	nach 1 Minute	nach 2 Minuten	nach 3 Minuten	nach 4 Minuten	nach 5 Minuten
Thermometer 1 (mit Stoffhülle)						
Thermometer 2						

Versuchsergebnis

Taupunkt

Bedeutung des Versuchs

Luft kann Wasserdampf nur bis zu einer Sättigungsgrenze aufnehmen, die temperaturabhängig ist. Bei 100 % Luftfeuchtigkeit (= Taupunkt) tritt Kondensation ein. In warmer Luft ist dabei eine größere Menge Wasserdampf enthalten als in kalter.

Wird der Taupunkt oder, genauer gesagt, die Taupunkttemperatur erreicht, kondensiert der in der Luft vorhandene Wasserdampf, und es bildet sich an Gegenständen der Erdoberfläche ein Beschlag, Tau oder Reif, und in der freien Atmosphäre entstehen Wolken. Ein Beschlag entsteht, wenn, wie im Versuch, nur die Oberfläche des Gegenstandes unter die Taupunkttemperatur sinkt.

Hinweis zum Versuch

Konservendosen eignen sich am besten, da man leicht, durch Entfernung der Papierhülle, eine spiegelnde Oberfläche erhält. Bei durchsichtigen, farblosen Gläsern kann die Bildung eines Beschlages nicht beobachtet werden.

Versuchsbeobachtung

Mit Erreichen einer bestimmten Temperatur der sich abkühlenden Flüssigkeit bildet sich ein Beschlag an der Außenfläche der Konservendose, so daß das Spiegelbild der Zeitungsschrift verschwindet.

Versuchsauswertung

Anhand von Zimmer- und Taupunkttemperatur kann mit Hilfe folgender Tabelle für einige Werte die relative Luftfeuchtigkeit ermittelt werden.

Beispiel: Raumtemperatur = 20°C; Taupunkttemperatur = 5°C.
In der 20°C warmen Luft sind demzufolge 6,8 g/m^3 Wasserdampf enthalten. Dies entspricht 53% relativer Luftfeuchtigkeit im Raum.

Temperatur (°C)	maximale absolute Feuchte (g/m^3)
0	4,8
5	6,8
10	9,4
15	12,8
20	17,3
30	30,4

nach: J. BLÜTHGEN & W. WEISCHET (1980, S. 182)

Taupunkt

Material

1 leere Kondensmilchdose (außen glänzend)
1 Bogen Zeitungspapier
1 Thermometer
Wasser
Eiswürfel

Versuchsdurchführung

1. Fülle die außen trockene Kondensmilchdose zur Hälfte mit Wasser, und stelle sie auf das Zeitungspapier.
2. Gib zwei Eiswürfel in das Glas.
3. Rühre von jetzt an ständig mit dem Thermometer um. Beobachte währenddessen die von der Zeitung auf die Blechdose gespiegelten Buchstaben.
   Fülle Eiswürfel nach, falls jene im Glas geschmolzen sind.
4. Lies die Temperatur am Thermometer ab, sobald die Buchstaben an der Dose nicht mehr lesbar sind (Meßwert 1).
5. Stelle zum Vergleich fest, welche Temperatur die Luft im Raum hat (Meßwert 2).

Ergebnisse

Meßwert 1 (**Taupunkt**):

Meßwert 2 (**Raumtemperatur**):

Aufgabe

Erkläre den Begriff **Taupunkt**.

Taufall

Bedeutung des Versuchs

Nachts kühlt es sich meist so weit ab, daß der Taupunkt erreicht wird und Wasserdampf der Luft am Boden oder an bodennahen Gegenständen kondensiert. Erfolgt die Kondensation bei Temperaturen unter 0° C, so entsteht durch Sublimation Reif.

Hinweise zum Versuch

Saugfähige Materialien sind für diesen Versuch unterschiedlich gut geeignet. So war z.B., bei geringer Taumenge, anhand von Papiertaschentüchern eine nächtliche Taubildung ableitbar, an dem am gleichen Ort angebrachten Papier einer Haushaltsrolle konnte man jedoch nichts erkennen. Deshalb sollten die Materialien vor dem Versuch getestet werden.

Versuchsbeobachtung

Taufall ist anhand der zerflossenen Außengrenzen des gezeichneten Striches nachzuweisen, was auch nach Verdunstung des Wassers gut sichtbar bleibt.

Taufall

Material

1 Papiertaschentuch
1 wasserlöslicher Farbstift
Klebestreifen

Versuchsdurchführung

1. Ziehe auf dem Taschentuch einen geraden, satten Strich.
2. Befestige das Tuch an einer waagerechten Stelle entweder an einem Stein oder an einem Gegenstand in Bodennähe. Günstig wäre ein regengeschützter Ort.
3. Überprüfe anhand des Striches, jeweils morgens, ob sich in der vorangegangenen Nacht Tau gebildet hatte.
   Nach Befeuchtung des Papiers durch Taufall oder Regen muß es jeweils erneuert werden.

Protokoll

Datum	Taubildung		Bemerkungen
	ja	nein	

Niederschlagsmenge

Hinweise zum Versuch

Der Trichter wird in die Dose gegeben, um die Verdunstung möglichst gering zu halten. Trichter, die genau den Durchmesser von großen Konservendosen haben, gibt es aus Plastik im Handel. Zur Not könnten sie auch weggelassen oder durch Selbstgebautes ersetzt werden. Zum Beispiel kann man zwei Konservendosen übereinanderstellen, wobei der Boden der oberen mit einem Dosenöffner ein Loch erhält und dann nach unten etwas eingedellt wird, damit vom Rand zur Mitte ein Gefälle vorhanden ist.
In jedem Fall muß darauf geachtet werden, daß der Durchmesser der **Auffangöffnung gleich der Bodenfläche des Gefäßes** ist.

Die Meßwerte können aufgrund einiger Faktoren von der tatsächlichen Niederschlagsmenge abweichen. So führen Verdunstung und vom Wind weggetriebener Regen oder Schnee zu geringeren Werten. Wird der Niederschlagsmesser an einem Hang horizontal angebracht, wird i. d. R. ebenfalls weniger Wasser gemessen als bei hangparalleler Aufstellung.
Durch Spritzwasser kann es zu überhöhten Meßwerten kommen. Wird das Auffangen von Spritzwasser im Regenmesser durch besondere Vorrichtungen verhindert, kann trotzdem eine größere Niederschlagsmenge gemessen werden als bei höherer Aufstellung im Gelände.

Niederschlagsmenge

Material

1 Konservendose (Durchmesser: 10 cm)
1 Trichter (Durchmesser: 10 cm)
Lineal

Versuchsdurchführung

1. Hänge den Trichter in die Dose.
2. Stelle sie dann an eine Stelle, die möglichst weit von der nächsten Baumkrone, dem nächsten Haus und anderen die Dose überragenden Gegenständen entfernt ist. Die Dose kann auf den Boden oder auf eine erhöhte Unterlage gestellt werden, welche die Dose allerdings nicht überragen darf.

Beschreibung des Meßortes:

3. Prüfe jeden Morgen, zu einer bestimmten Uhrzeit, die Höhe der in der Dose aufgefangenen Niederschlagsmenge mit dem Lineal.
   Falls der Niederschlag als Schnee gefallen ist, muß dieser für die Messung aufgetaut werden.
4. Leere die Dose nach jeder Messung aus.

Protokoll

Datum										
Uhrzeit										
Niederschlagshöhe in mm										

Erwärmung und Abkühlung von Meer und Land

Bedeutung des Versuchs

Die unterschiedliche Erwärmung von Land und Meer ist direkt oder indirekt für die Erklärung mehrerer Wetter- und Klimaphänomene wichtig. So hängen z.B. *Land- und Meerwind, maritimes und kontinentales Klima* und die jahreszeitlich wechselnde *Verteilung von Hoch- und Tiefdruckgebieten* mit der Wärmespeicherfähigkeit von Wasser und Land zusammen.

Hinweise zur Versuchsdurchführung

Da in diesem Versuch modellhaft die unterschiedliche Erwärmung von Land und Meer durch die Sonne demonstriert werden soll, ist ein Wärmestrahler als Sonnenmodell weniger abstrakt als eine Wärmequelle *unter* den Glasgefäßen.

Wegen des relativ hohen Zeitbedarfs für diesen Versuch bietet es sich an, die Wasser- und Bodenproben von zwei verschiedenen Schülergruppen untersuchen zu lassen. Die Protokolle können in diesem Fall nach den Versuchen vervollständigt werden.

Die Wasser- und Bodenmenge kann beliebig verändert werden. Ebenso ist die Eintauchtiefe des Thermometers abänderbar. Allerdings muß bei vergleichenden Untersuchungen immer auf die gleichen Versuchsbedingungen geachtet werden.

Versuchsergebnisse

Bei Erwärmung erfolgt die Temperaturzunahme der Bodenprobe etwa doppelt so schnell wie die des Wassers.

Dementsprechend sinkt die Bodentemperatur während der Abkühlungsphase schneller als die des Wassers.

Erwärmung und Abkühlung von Meer und Land

Material

Wärmequelle (Wärmestrahler, Kochplatte o.ä.)
Glasgefäß (Erlenmeyerkolben oder Einweckglas)
Sand, Blumenerde oder andere Bodenprobe
Wasser
schnell reagierendes Thermometer
Stativ und Klemmen zum Befestigen des Thermometers

Versuchsdurchführung

a) Erwärmung und Abkühlung von Wasser

1. Fülle das Glasgefäß etwa halb voll mit Wasser.
2. Befestige das Thermometer so am Stativ, daß es ca. 3 cm über dem Boden hängt.
3. Das Stativ wird nun so aufgestellt, daß das daran befestigte Thermometer in den Innenraum des Glasgefäßes hineinragt.
4. Stelle die Wärmequelle an, und protokolliere die Temperaturänderungen.
5. Entferne nach 10 Minuten die Wärmequelle, setze aber die Temperaturprotokollierung fort.

b) Erwärmung und Abkühlung einer Bodenprobe

Führe den gleichen Versuch, wie oben beschrieben, mit einer Bodenprobe durch. Achte darauf, daß für beide Versuche die gleichen Bedingungen herrschen.

Versuchsprotokoll

Minuten	**Wasser**-temperatur bei Erwärmung (°C)	**Boden**-temperatur bei Erwärmung (°C)	**Wasser**-temperatur bei Abkühlung (°C)	**Boden**-temperatur bei Abkühlung (°C)
1				
2				
3				
4				
5				
6				
7				
8				
9				
10				

Eigenschaften von Süß- und Salzwasser

Bedeutung des Versuchs

Dort, wo Flüsse ins Meer münden, treffen Flüssigkeiten mit unterschiedlicher spezifischer Dichte aufeinander. Die entstehende Schichtung wird jedoch durch Wellen allmählich zerstört.

Hinweise zum Versuch

Je dunkler das Wasser angefärbt ist, um so besser ist der Versuchsablauf zu beobachten.

Versuchsbeobachtungen

Die in das blau gefärbte Wasser eingebrachte Salzlösung breitet sich am Boden des Glases aus. Gibt man umgekehrt Wasser in die Salzlösung, so steigt es, zum Teil unter Wirbelbildung, auf, was nach dem Herausziehen des Strohhalms besonders deutlich zu sehen ist.

Erklärung der Beobachtungen

Die Salzlösung hat eine größere spezifische Dichte als das „Süßwasser" und sinkt deshalb zu Boden. Beim Herausziehen des Strohhalms kommt es zu Wirbelbildungen im Wasser, die man wegen der Färbung gut erkennen kann.

Eigenschaften von Süß- und Salzwasser

Material

2 Glasgefäße (Trinkgläser, Bechergläser o. ä.)
Salz
Färbemittel (z.B. Tinte)
Strohhalm
Teelöffel
Wasser

Versuchsdurchführung

1. Fülle beide Glasgefäße zur Hälfte mit Wasser.
2. Gib einen Teelöffel voll Salz in **eines** der Gläser, und rühre um.
3. Färbe das Wasser in dem **zweiten** Glas mit einigen Tropfen Tinte dunkelblau.
4. Stelle den Strohhalm senkrecht in das mit Salzlösung gefüllte Glas. Verschließe die obere Öffnung des Strohhalms mit dem Finger, und hebe ihn verschlossen in das zweite Glas. Sobald sich das untere Ende des Strohhalms kurz über dem Boden dieses Glases befindet, kannst du den Finger von der Strohhalmöffnung heben. Beobachte die Vorgänge.
5. Befördere nun auf die gleiche Weise das blau gefärbte Wasser in die Salzlösung.

Beobachtungen

zu 4.:

zu 5.:

Erklärungen

Eigenschaften von kaltem und warmem Wasser

Bedeutung des Versuchs

Mit diesem Versuch können sowohl Vorgänge in Gewässern als auch Abläufe in der Atmosphäre simuliert werden.

Gewässer werden durch Sonneneinstrahlung und durch Einleitung von Kühlwasser o. ä. erwärmt. Warmes Wasser sammelt sich in diesen Fällen in den oberen Gewässerbereichen. Dies gilt jedoch nicht für tiefere zugefrorene Gewässer.

Der Versuch kann auch als Modell für den Aufstieg warmer Luftmassen in der Atmosphäre dienen, da sich Wärmeunterschiede bei Wasser und Luft vergleichbar auswirken. Das gefärbte Wasser sieht beim Aufstieg einer Gewitterwolke ähnlich.

Hinweise zum Versuch

Für den Versuch werden etwa drei Viertel Liter kaltes und ein Zehntel Liter warmes Wasser benötigt.

Damit die Filmdose nicht aufschwimmt, sollte sie beschwert werden. Die dafür vorgeschlagenen Kieselsteine müssen daher in die Filmdose hineinpassen.

Falls für diesen Versuch ein kleines Aquarium zur Verfügung steht, kann dies anstelle von Einweckgläsern verwendet werden, da man die Bewegungen des warmen Wassers darin besser verfolgen kann.

Versuchsbeobachtungen

Das gefärbte warme Wasser steigt aus der Dose senkrecht bis zur Wasserobergrenze und breitet sich dann zu den Seiten hin aus. Von dort sinkt es wieder herab, was man anhand der Schlieren- und Wirbelbildung gut erkennen kann.

Legt man Eiswürfel in das Wasser, so schwimmen diese an der Oberfläche.

Erklärung der Beobachtungen

Warmes Wasser ist spezifisch leichter als kaltes. Es würde sich daher in Gewässern ohne Wirbelbildung eine Wärmeabstufung ausbilden, mit den wärmsten Bereichen an der Wasseroberfläche und den kältesten Bereichen am Grund.

Umgekehrt ist dies bei zugefrorenen Gewässern. Eis ist spezifisch leichter als die darunter befindlichen Wasserschichten, da die Dichte des Wassers von 0° bis 4° C ansteigt (Dichteanomalie des Wassers).

Eigenschaften von kaltem und warmem Wasser

Material

1 Einweckglas (Volumen: 1000 cm^3)
1 leere Filmdose mit Deckel
1 oder mehrere kleine Kieselsteine
kaltes Wasser
warmes Wasser
Färbemittel (Tinte, Milch o. ä.)
1 Eiswürfel

Versuchsdurchführung

1. Fülle das Einweckglas zu drei Viertel mit **kaltem** Wasser.
2. Gib einen oder mehrere Kieselsteine auf den Grund der Dose, und fülle sie dann fast ganz mit **warmem** Wasser.
3. Färbe das Wasser in der Dose, rühre kurz um, und verschließe sie dann mit dem Deckel, der aber nur leicht aufgelegt wird.
4. Stelle die Dose auf den Grund des Einweckglases, öffne den Deckel, und ziehe dann die Hand heraus. Bemühe dich, dabei sowenig Wasserwirbel wie möglich zu machen. Notiere deine Beobachtungen, ehe du den Versuch, mit Punkt 5, fortsetzt.
5. Gib einen Eiswürfel in das Wasser. Was passiert mit diesem?

Beobachtungen

zu Punkt 4:

zu Punkt 5:

Erklärungen

Schwebstoffgehalt von Wasserproben

Bedeutung des Versuchs

Chemisch reines Wasser ist vollkommen klar. In der Natur ist Wasser jedoch oftmals u.a. mit Schwebstoffen angereichert. So werden zum Beispiel mit dem Flußwasser Sedimente transportiert, und Tümpel enthalten, je nach Nährstoffgehalt, eine unterschiedliche Menge an Algen. Regenwasser kann besonders dann, wenn es von Bäumen oder Dächern herabrinnt, Staubteilchen mittransportieren.

Hinweise zum Versuch

Für die Probenentnahme eignen sich 1-Liter-Getränkeflaschen mit Schraubverschluß, für den optischen Vergleich der Schwebstoffgehalte Bechergläser, Trinkgläser o.ä.

Um den Schwebstoffgehalt von Wasserproben dauerhaft sichtbar zu machen, können die Proben gefiltert werden. Das anschließend getrocknete Filterpapier wird zerschnitten, und die Teile werden nebeneinander aufgeklebt.

Beobachtungen

Leitungs- und **destilliertes Wasser** enthalten keine Schwebstoffe und erscheinen deshalb klar. **Fluß-** und **Tümpelwasser** sind dagegen, je nach Algenbesatz oder Schwebstoffgehalt, unterschiedlich stark getrübt. Eventuell kann aufgrund der Färbung eine Zuordnung der Wasserinhaltsstoffe erfolgen, da zum Beispiel aufgrund vieler Algen das Wasser grünlich und bei hohem Sedimentgehalt bräunlich aussehen kann. **Regenwasser** kann klar oder auch trüb aussehen, letzteres beispielsweise nach einer längeren Trockenperiode.

Schwebstoffgehalt von Wasserproben

Material

durchsichtige, farblose Glasgefäße
Wasserproben
Folienschreiber
weißer Hintergrund

Versuchsdurchführung

1. Besorge folgende Wasserproben: **a)** destilliertes Wasser, **b)** Leitungswasser, **c)** Regenwasser, **d)** Fluß- und **e)** Tümpelwasser.
   Von Fluß- und Tümpelwasser kannst du Proben aus unterschiedlicher Tiefe nehmen.
2. Beschrifte die Probengefäße mit **a)** Entnahmeort, eventuell **b)** Entnahmetiefe, **c)** Datum und **d)** Name.
3. Gib je eine Wasserprobe in eines der Glasgefäße, und beschrifte diese.
4. Schüttle die Gefäße, und betrachte sie dann vergleichend vor einem weißen Hintergrund.

Protokoll

Art der Wasserprobe	Beobachtungen

Durchsichtigkeit von Wasserproben

Hinweise zum Versuch

Dieser Versuch eignet sich besonders dann, wenn Wasserproben nicht im Freien, sondern im Schulgebäude untersucht werden.

Für die Probenentnahme und die Aufbewahrung der Proben eignen sich 1-Liter-Getränkeflaschen mit Schraubverschluß.

Die Höhe des Glasgefäßes, welches für die Prüfung der Durchsichtigkeit verwendet wird, sollte etwa **50 cm** betragen. Wichtig ist auch, daß der **Boden plan** ist, damit man die Buchstaben unverzerrt erkennen kann.

Als Versuchsbeleuchtung eignet sich indirektes Tageslicht.

Da das Zugeben des Wassers mit der Gießkanne nicht genau zu dosieren ist, ergeben sich bei mehrmaliger Messung etwas unterschiedliche Werte, von denen dann ein Mittelwert gebildet werden kann.

Versuchsbeobachtungen

Je nach dem Schwebstoffgehalt der Wasserproben wird die Schrift der Testfläche bei einer bestimmten Wasserhöhe unlesbar.

Durchsichtigkeit von Wasserproben

Material

1 hohes, durchsichtiges farbloses Glasgefäß (Standzylinder, Glasvase o. ä.)
Wasserproben
Gießkanne
Zollstock oder Maßband

Versuchsdurchführung

1. Stelle das Gefäß auf die Testfläche dieses Arbeitsbogens.
2. Fülle langsam mit der Gießkanne eine der Wasserproben in das Glasgefäß. Achte darauf, daß du die Schrift von oben lesen kannst. Sobald diese unlesbar ist, kannst du die Wasserhöhe ausmessen.
3. Spüle das Glasgefäß aus, und wiederhole den Versuch:
   a) mit der gleichen Probe
   b) mit anderen Proben

TESTFLÄCHE

ZUR ERMITTLUNG DER DURCHSICHTIGKEIT

VON WASSERPROBEN

Nr. der Probe	Entnahmeort	Höhe der Wassersäule		
		Meßwert 1 (cm)	Meßwert 2 (cm)	Mittelwert (cm)
1				
2				
3				
4				
5				

Sichttiefe von Gewässern

Bedeutung des Versuchs

Die Sichttiefe kann einen Anhalt für die Menge der Sedimentfracht, für Algendichte oder für vom Menschen eingeleitete Verunreinigungen sein. Sie ändert sich allerdings auch unter natürlichen Gewässerbedingungen im Verlauf des Jahres. So steigt z.B. häufig der Schwebstoffgehalt in Flüssen bei Starkregen oder Schneeschmelze, und in Seen wirken sich Wachstumszyklen der Algen auf die Sichttiefe aus.

Hinweise zum Versuch

Normalerweise wird die Sichttiefe bei indirekter Sonnenbestrahlung gemessen.

Um die Tiefe der lichtdurchfluteten Wasserschicht zu ermitteln, wird die Sichttiefe mit 2 multipliziert. Das für den Betrachter sichtbare Licht legt den Weg von der Wasseroberfläche bis zur Scheibe zweimal zurück, auf dem Hinweg und nach der Reflexion von der Scheibe.

Sichttiefe von Gewässern

Material

1 weiße Scheibe, Größe: 20 x 20 cm (ersatzweise: weißes Frühstücksbrettchen oder weißer Teller)
Schnur
wasserfester Klebstoff
Zollstock oder Maßband

Versuchsdurchführung

1. Klebe die Schnur genau in der Mitte der Scheibe fest.
2. Versenke sie dann so weit in dem Gewässer, bis die Scheibe gerade nicht mehr zu erkennen ist. Markiere eventuell die oberste Eintauchstelle der Schnur.
3. Ermittle die Sichttiefe anhand der Markierung oder der Länge der naß gewordenen Schnur.

Protokoll

Untersuchungsort	Datum	Sichttiefe (cm)

Artesischer Brunnen

Bedeutung des Versuchs

Vor allem in Trockengebieten sind diese ohne Pumpen funktionierenden Brunnen für die Bevölkerung des umliegenden Raumes zur Wasserversorgung wichtig.

Hinweis zum Versuch

Der Schlauch sollte mindestens 50 cm, besser: 1 m, lang sein.

Beobachtung

Nach der Entfernung des Holzstäbchens entsteht für einige Zeit eine kleine Wasserfontäne.

Erklärung der Beobachtung

In dem durchgebogenen Schlauch stehen oberhalb der verschlossenen Schlauchöffnung zwei Wassersäulen. Sobald der Verschluß entfernt wird, fließt zum Druckausgleich so lange Wasser heraus, bis die Höhe der Wassersäulen die Ebene des Loches in der Schlauchwand erreicht.

Artesischer Brunnen

Material

1 durchsichtiger Schlauch
Wasser
Gefäß zum Einfüllen
Schere
Zahnstocher
Gefäß zum Unterstellen (z.B. Fotoschale, große Schüssel)

Versuchsdurchführung

1. Bohre mit dem spitzen Ende der Schere ein kleines Loch in der Mitte des Schlauches.
2. Verschließe das Loch mit dem Zahnstocher.
3. Während ein(e) Mitschüler(in) den Schlauch über der Schüssel U-förmig gebogen hält, kannst du Wasser an einem Ende hineinfüllen. Der Zahnstocher muß dabei nach oben zeigen.
4. Entferne den Zahnstocher.

Beobachtung

Erklärung

Aufgabe

Aus diesem Versuch kannst du einige Voraussetzungen ableiten, die zur Entstehung eines „wirklichen" artesischen Brunnens nötig sind. Beschreibe diese Voraussetzungen.

Wirkungen von fließendem Wasser

Bedeutung des Versuchs

Wenn Wälder abgeholzt, Pflanzenbedeckungen durch Brände, Überweidung oder durch landwirtschaftliche oder andere Maßnahmen vernichtet werden, ist der Boden ungeschützt Wind und vor allem Wasser ausgesetzt. Bei geneigtem Untergrund führt Regen zur Abspülung von Bodenmaterial. Besonders tragisch ist es, wenn dadurch fruchtbarer Oberboden weggeschwemmt wird, da die betreffende Fläche sich dann weder für landwirtschaftliche Nutzung noch für Aufforstungsmaßnahmen o.ä. eignet. An mehreren Stellen eines Hanges führt Regen in der Regel zu Erosion und damit zu Rinnen- oder Talbildungen. Von diesen kann eine immer weitergehende Hangzerstörung ausgehen, die durch Maßnahmen des Menschen allerdings verlangsamt oder gestoppt werden kann.

Hinweise zum Versuch

Der Versuch ist für den Fall konzipiert, daß kein Sandkasten o.ä. in der Nähe der Schule zur Verfügung steht. Auch der im Winter gefrorene Boden erlaubt keine Erarbeitung vor Ort. Falls allerdings die Möglichkeit besteht, Erosionswirkungen und deren Verminderung außerhalb des Schulgeländes zu erproben, ist dies aufgrund der größeren Anschaulichkeit und Variabilität geeigneter als die Arbeit im Klassenraum.

Am besten eignen sich **trockene** Bodenproben, da der Berg sonst relativ schnell, aufgrund der Wasserübersättigung, in sich zusammenfällt.

Falls kein Sand zur Verfügung steht, kann der Versuch auch mit ca. 1 kg Blumenerde oder einer anderen Bodenprobe durchgeführt werden. Allerdings ist das Ergebnis dann nicht so deutlich erkennbar, und auch die Problematik der Abspülung von fruchtbarem Oberboden ist nicht offensichtlich.

Die für den zweiten Versuchsteil verwendbaren Materialien können vom Lehrer oder von den Schülern zusammengestellt werden. Günstig wäre, wenn mehrere Schülergruppen unterschiedliche Materialien erproben, da die Bodenmenge relativ klein ist und sich nur begrenzt für mehrere Versuche eignet.

Als Erprobungsmaterial zur Verringerung von Bodenerosion kann z.B. folgendes verwendet werden: Grassoden, Kieselsteine verschiedener Größe, Brettchen, Streichhölzer, die senkrecht nebeneinander in den Boden gesteckt werden, dem Boden lose aufliegende Blätter usw. Eine Verminderung der Erosionswirkung ist auch z.B. durch Terrassierung zu erreichen. Es können sich Schülergruppen daher ebenfalls überlegen, wie die Erosionswirkung durch Veränderung der Hanggestaltung minimiert werden kann.

Beobachtungen

zu 3.: Das fließende Wasser spült Bodenpartikel des Berges linienhaft ab. Am unteren Ende der entstehenden Rinne akkumuliert dieses Material, günstigstenfalls in Form eines Schwemmkegels.

zu 4.: Je nach Art und Anbringung der Veränderungen an dem ungeschützten Berg tritt die Erosionswirkung verzögert oder nur mit verminderter Wirkung ein.

Wirkungen von fließendem Wasser

Material

1 Fotoentwicklerschale (Mindestgröße: 20 x 25 cm)
ca. 1 kg Sand
ca. 500 g Blumenerde oder Probe eines Humushorizontes
Gießkanne mit kleiner Tülle
Materialien zur Verminderung der Wasserwirkung
Wasser

Versuchsdurchführung

1. Gib Sand in die Schale, und forme daraus einen Berg.
2. Überdecke diesen Berg mit einer etwa 1 cm dicken Schicht von Humusboden oder Blumenerde.
   Die Erde sollte möglichst festgedrückt werden.
3. Gieße Wasser so über den Berg, daß es von der Spitze immer in der gleichen Richtung abläuft.

Beobachtungen

4. Bemühe dich, die beobachteten Wasserwirkungen möglichst gering zu halten. Dazu kannst du Materialien verwenden, welche natürlicherweise einen Boden bedecken oder von Menschen im Boden verankert werden können.

Material	Beobachtungen

Literaturverzeichnis

H. BARSCH, K. BILLWITZ, E. SCHOLZ (1984): Labormethoden in der physischen Geographie. - VEB Hermann Haack, Gotha.

G.-G.BEGEROW & D. RODI (1981): Eigenschaften verschiedener Böden. Unterrichtsmodell Sekundarstufe I (7. und 8. Schülerjahrgang). - In: Unterricht Biologie, 5, H. 57, S. 24 - 30.

B. BLUME & H.-P. BLUME (1986): Feldarbeit zur Bodenbewertung. Unterrichtsprojekt für die Sekundarstufe II. - In: Geographie heute, 7, H. 42, S. 40 - 45.

J. BLÜTHGEN & W. WEISCHET (1980): Allgemeine Klimageographie. - Walter de Gruyter, Berlin, New York.

G. BRUCKER & D. KALUSCHE (1976): Bodenbiologisches Praktikum. - Quelle & Meyer, Heidelberg.

A. BÜDEL (o.J.): Wetterkunde leicht gemacht. - Ehrenwirth Verlag, München.

W. FRAEDRICH (1986): Wasser aus einem artesischen Brunnen. - In: Geographie heute, 7, H. 43, S. 16 - 18.

K. GEIGER (1980): Einfache naturwissenschaftliche Experimente zum Weltkunde-Unterricht des 5. Schuljahrs. - In: Geographie im Unterricht, 5, H. 7, S. 274 - 275.

H. GLAS (1983): Insolation (Kl. 7/8). - In: Praxis Geographie, 13, H. 1, S. 37 - 40.

H. GRUND (1977): Versuche zur Bestimmung der Bodenarten. - In: Naturwissenschaften im Unterricht. - Biologie, 11, S. 321 - 325.

M. HÄFNER (1986): Das Öko-Testbuch. - Falken-Verlag, Niedernhausen.

G. HARBACH (1986): Bodenkundliche Untersuchungen. Unterrichts- und Untersuchungs-anregungen für die Sekundarstufe II. - In: Geographie heute, 7, H. 42, S. 26 - 35.

H. JÄGER (1977): Wir prüfen den Boden. Anschauliche Bodenkunde in Klasse 7 (Realschule). - In: Geographie im Unterricht, 2, H. 10, S. 320 - 328.

G. JUNG (1979): Bodenversalzung in ariden Gebieten als Folge von Bewässerungsmaßnahmen. Eine bodenkundlich-ökologische Unterrichtseinheit; 9./10. Schuljahr. - In: Geographie im Unterricht, 4, H. 6, S. 196 - 204.

G. JUNG & H. GEBHARDT (1978): Landwirtschaftliche Nutzung in Abhängigkeit vom Boden (eine bodenkundlich-ökologische Unterrichtseinheit). - In: Geographie im Unterricht, 3, H. 6, S. 177-186.

V. KAMINSKE (1979): Bodeneigenschaften und ihre Veränderung durch Umwelteinflüsse.- In: Praxis Geographie, 9, H. 4, S. 164 - 168.

V. KAMINSKE & H. T. KRÜGER (1979): Das tägliche Wettergeschehen und seine experimentelle Herleitung. Vergleich von Experimentserie und Einzelexperiment in der 6. Klasse. - In: Praxis Geographie, 9, H. 4, S. 186 - 192.

H.-P. KONOPKA (1986): Die Gestaltung der Erdoberfläche. Experimente zur endogenen und exogenen Dynamik. - In: Geographie heute, 7, H. 43, S. 36 - 41.

H. KUNTZE, J. NIEMANN, G. ROESCHMANN, G. SCHWERDTFEGER (1981): Bodenkunde. - Verlag Eugen Ulmer, Stuttgart.

H. MALBERG (1985): Meteorologie und Klimatologie. - Springer Verlag, Berlin, Heidelberg.

R. MARTUS & F. SAUERWEIN (1979): Experimente zur Klimageographie. - In: Praxis Geographie, 9, H. 4, S. 193 - 195.

G. NIEMZ (1983): Experimente und Messungen. Ihre Bedeutung für die Umweltproblematik. - In: Praxis Geographie, 13, H. 1, S. 2 - 3.

H. NOLZEN(1983): Hydrologische Experimente. - In: Praxis Geographie, 13, H. 7, S. 10 - 11.

E. PHILIPP (1977): Ökologie des Bodens. - Pädagogisches Zentrum (Hrsg.), Berlin.

W. RICHTER (1983): Atmosphärische Zirkulation, Inversion. Demonstrationsexperimente (Kl. 5 - 7). - In: Praxis Geographie, 13, H. 1, S. 35 - 36.

H. RID (1984): Das Buch vom Boden. - Verlag Eugen Ulmer, Stuttgart.

G. D. ROTH (1979): Wetterkunde für alle. - BLV Verlagsgesellschaft, München, Bern, Wien.

W. SALZMANN (1981): Experimente im Geographieunterricht. - In: Duisburger geographische Arbeiten, H. 3, Aulis Verlag Deubner, Köln.

W. SALZMANN & G. BROSOWSKI (1977): Physikalische Experimente im Geographieunterricht. Ein Beitrag zur Notwendigkeit fächerübergreifenden Unterrichts. - In: Beiheft zur Geographischen Rundschau, 7, S. 217 - 220.

W. SALZMANN & G. BROSOWSKI (1979): Demonstrationsexperimente zur Bodenversalzung in ariden Gebieten. - In: Praxis Geographie, 9, H. 4, S. 169 - 171.

W. SALZMANN & G. BROSOWSKI (1979): Geographischer Experimentalunterricht. - In: Geographie im Unterricht, 4, H. 10, S. 352 - 356.

F. SCHEFFER, P. SCHACHTSCHABEL (1960): Bodenkunde. - Ferdinand Enke Verlag, Stuttgart.

K.-D. SCHMIDTKE (1982): Drei Hilfsmittel - ein Experiment. - In: Geographie im Unterricht, 7, H. 7, S. 282 - 288.

K.-D. SCHMIDTKE (1986): Trockenheit am Regenpol der Erde. Bodenzerstörung durch Wasser: Ursachen, Folgen, Maßnahmen. - In: Geographie heute, 7, H. 42, S. 19 - 25.

K.-D. SCHMIDTKE (1986): Bodenversalzung. Die Eintagsblüte in bewässerten Trockengebieten. - In: Geographie heute, 7, H. 43, S. 31 - 35.

K.-D. SCHMIDTKE (1986): Zaubereien mit Luft. - In: Geographie heute, 7, H. 43, S. 11 - 15.

K.-D. SCHMIDTKE (1986): Einfache Experimente rund um die Strahlung. Unterrichtsanregungen für die Sekundarstufe I. - In: Geographie heute, 7, H. 43, S. 22 - 26.

A. SEMMEL (1977): Grundzüge der Bodengeographie. - Teubner Verlag, Stuttgart.

H.-J. SPÄTH (1976): Geoökologisches Praktikum. - Ferdinand Schöningh, Paderborn.

M. STRÄßER (1979): Der Bodenwasserhaushalt im Unterricht der Sekundarstufe I. - In: Geographie im Unterricht, 4, H. 1, S. 19 - 27.

W. WEISCHET (1977): Einführung in die Allgemeine Klimatologie. - B.G. Teubner, Stuttgart.

E. ZEIER (1986): Physikalische Freihandversuche - Kleine Experimente. - Aulis Verlag Deubner, Köln.

Eigene Versuche